위대한 사랑의 힘에
사로잡힌 삶

Seized by the Power of a Great Affection
by N. Gordon Cosby, Kayla McClurg

Copyright ⓒ 2013 The Church of the Saviour
1640 Columbia Road NW Washington DC 20009 USA
korean translation copyright ⓒ by Pyongdan Munhwasa
3F,. 480-9, Seongyo-dong, Mapo-gu, Seoul, 121-210 Korea

세이비어 교회 창립자
고든 코스비의 묵상집

위대한 사랑의 힘에
사로잡힌 삶

Seized by the Power of a Great Affection

고든 코스비 지음 · 유성준 옮김

평 단

나의 삶의 중심 주제는
'예수가 시대 속에서 그의 지상의
삶을 따르는 제자들에게 의도하신
것이 무엇일까?' 하는 것입니다.
지구에서 가난을 제거하고,
탐욕과 공포, 인종주의와 군사주의의
마귀들을 몰아내며, 구원받지 못한 사람들을
주님께 나아오도록 하는 일에 하나님께서
우리를 사용하실 거라고 기대하는 것은
터무니없는 일이 아닙니다.
만일 우리가 준비된다면
하나님은 우리가 준비한 것보다
더 많은 일을 이루게 하실 것입니다.

Seized by The Power of A Great Affection

짧은 우리의 일생에서
우리가 집중해야 할 한 가지는 무엇일까요?
그것은 바로 예수 그리스도이십니다.
나는 그를 깊이 알기를 원합니다.
그의 형상을 닮기를 원합니다.
이것은 내가 죽음 너머의 땅으로
여행을 시작할 때까지
내가 갖기를 원하는 형상입니다.
우리가 그분을, 그분의 말씀을 묵상할 때
마음속의 공허함이 사라지며
주님의 세미한 음성이
우리를 더욱 강하게 할 것입니다.

Seized by The Power of A Great Affection

고든 코스비 목사는 이제 전설의 사람이 되었습니다.

그는 나와 같은 침례교 전통에서 신학을 수련했지만, 모든 교단을 초월한 그리스도의 사람으로 헌신했습니다.

그는 나로 하여금 근본주의를 극복할 수 있도록 도움을 주었습니다. 진정한 미션의 사람이 무엇인가를 보여 주었고, 그 미션은 깊은 묵상에서 나온다는 것을 가르쳐 주었습니다.

신학자이자 목사인 본 훼퍼를 정치적 인물로 아는 사람도 있지만, 이것은 피상적 이해일 뿐입니다. 그는 무엇보다 깊은 영성과 묵상의 사람이었습니다. 코스비 목사는 나에게 본 휘퍼를 연상케 하는 사람이었습니다.

그는 나에게 작은 교회에 대한 존경을 가르쳐 주었습니다.

워싱턴에서 그와 나눈 차 한 잔의 대화는 나에게 소중한 유산이 되었습니다.

그의 묵상 센터(데이 스프링 수양관)가 필그림하우스를 만드는 영감을 주었습니다.

그의 묵상집은 세이비어 교회를 이해하는 또 하나의 열쇠입니다.

유성준 목사님과 함께 한 워싱턴의 추억들이 새롭기만 합니다.

이 땅에 많은 세이비어 교회가 일어나기를 기도하며 유성준 목사님의 기여가 하나님 나라를 풍성하게 함을 기뻐합니다. 그리고 이 책이 한국 교회의 피상성을 극복하는 일에 또 하나의 보배가 될 것을 확신하며 추천의 말씀을 드립니다.

이동원 목사

지구촌교회 원로, 필그림하우스 원장

나는 고든 코스비 목사님을 직접 만난 기억은 없지만, 역자인 유성준 목사님이 워싱턴 DC 지역에서 목회를 할 때 함께 세이비어 교회를 방문한 적이 있다. 그때 유목사님을 통해 코스비 목사님의 특별한 사역과 인격에 대해서 들을 수 있었다. 이번에 유목사님을 통해 번역된 그분의 유고 묵상집을 읽으면서, 그분의 심오한 영성의 세계를 접하게 되었고, 예기치 않았던 큰 감동을 받게 되었다.

사실 나는 세이비어 교회의 사역이 매우 중요한 현대 교회에 대한 도전이라고 생각해 왔다. 이 세상을 변화시키는 참된 섬김과 돌봄의 삶을 사는 교회로서 말이다. 유목사님을 통해 그 핵심 속에는 "내면의 여정Inward Journey"과 "외적인 여정Outward Journey"이 균형 있게 존재한다는 이야기를 들었을 때, 존 웨슬리의 영성과 상당히 상통한다는 생각을 했다. 또한 현대의 저명한 영성가 헨리 나우웬이 그곳에 와서 영향을 받고 저술을 하기도 했다는 말을 들었다. 그럼에도 코스비 목사님이 어떤 분이셨는지를 잘 모르고 있었는데, 이 책을 통해 그분이 얼마나 위대한 내면의 세계를 품고 계셨는지를 비로소 알게 되었다.

이 책은 말 그대로 묵상집이다. 제목에서 볼 수 있듯이, '위대한 사랑의 힘에 사로잡힌' 영성의 삶을 아름답게 설명해 주고 있는 글이다. 여기서 사랑으로 번역된 영어 'affection'은 '정감情感을 담은 사랑'이란 뜻이다. 이 책은 오직 그 사랑의 힘에 의해 우리는 비로소 진정한 자신이 된다는 점을 말해 주고 있다. 본래 하나님의 아름다운 형상으로 설계되고 창조된 우리 인간은 이제 그를 반역하고 잃어버리고, 그에게 저항하고, 우리 자신은 분열하고 서로를 파괴하면서 살아가고 있다. 불안, 의심, 소외, 고통 등 모든 어둠이 우리를 덮게 되었다. 하지만 저자는 우리 존재의 근원에서, 가장 깊은 곳에서 나오는 것이 바로 사랑이라고 일깨워 준다. 그 사랑은 하나님의 거룩한 실재로서 우리 속으로 뚫고 들어와서 우리의 내면을 만져 주시고 치유하신다. 그리고 우리의 내면의 갈망을 만족하게 해 주신다. 이때 우리는 비로소 온전한 존재, 통합된 존재가 된다. 사랑, 빛, 진리, 선, 아름다움으로 창조된 독특하고 고귀한 존재로서의 신적인 본성을 우리가 회복하게 된다는 것이다. 그런 우리는 이처럼 하나님이 의도하신 본성 안에서 자신의 정체성을 되찾고 탕자처럼 진정한 본향으로, 자유의 품으로 돌아가 그곳에서 영원한 안식을 누리는 존재이다.

하지만 이러한 위대한 사랑은 공동체 속에서 서로 연결되어 서로 속하고, 사랑을 통해 확산되고 실현된다고 저자는 말한다. 나의 것을 고집하고 자기 방어와 보호 속에 갇힌 현대의 삶에서, 예수님처럼 스스로 가난해져 서로 사랑으로 수용하고 사랑을 주라는 것이다. 그렇게 하기 위해 우리는 그리스도께 "예"로 응답하고 사랑을 드림으로써 영원하고 궁극적인 존재에게 사로잡혀, 그분께 속해야 한다. 무조건적인 사랑의 책임으로 돌봐 주는 서로를 향한 존재, "타자를 향한 존재"가 참된 인간이요, 그러한 사람들의 공동체가 교회인 것이다. 그 속에서 우리는 서로의 상처를 어루만져 주면서 서로에게 속한 공동운명체로서 용서의 친밀함을 경험한다.

위대한 사랑, 오직 이 사랑만이 우리에게 허용된다고 저자는 힘주어 강조한다. 하나님의 형상이 우리의 본성이므로 우리는 그 사랑을 위해 하나님 앞에, 그분의 창조적인 힘 앞에 완전히 약함과 전적인 신뢰, 항복과 포기를 해야만 참형상으로 회복될 수 있다. 하지만 이것은 단지 수동적인 것이거나 강요되는 것이 아니다. 오히려 그것은 진정한 자발적인 내적 동의에 의한 것이다. 그 결과로 이 은혜의 선물과 즐거움이 강렬한 사랑으로 우리에게 주어진다. 코스비 목사님은 믿음과 은혜에 관해 아주 심오하면서도 단순하게 말하고 있어 큰 울림을 준다. 믿음은 하나님의 사랑을 확신할 수 없을 때에도 자신을 하나님의 사랑에 내맡기는 것이다. 은혜는 하나님께서 우리의 가장 깊은 존재 속으로 뚫고 들어오시는 것이다. 그러한 은혜는 하나님의 사랑이며, 우리가 그 사랑에 응답하고 그 사랑을 반사하는 것이 바로 믿음이다. 이러한 하나님의 사랑하심을 허락하고, 그 무한한 조건 없는 사랑으로부터 오는 자유를 누릴 때, 참생명의 삶이 가능한 것이다. 그 사랑의 힘이 우리 존재 가장 깊은 곳에 흘러들어와 우리를 변화하게 한다. 그럴 때만이 용서, 섬김과 나눔, 공감과 자비의 삶이 가능하게 되는 것이다. 나아가 우리가 하나님의 그 사랑으로 충만해 하나님 안에서 안식하고 그분으로 채워질 때, 그리고 사랑에 사로잡힐 때, 우리의 갈망은 채워지며 참된 안식이 있는 것이다.

그러나 코스비 목사님은 오늘 우리가 사는 세계의 고난과 무관한 사랑을 공허하게 말하지 않는다. 현대의 인간은 엄청난 압박과 스트레스에 시달리며 살고 있다. 실패, 절망, 상처, 격동, 불안 등을 안고 산다. 우리가 그런 것들을 경감할 수 없다면, 또 연민과 긍휼로써 타인의 고난을 이해하고 받아들이고 동참하지 않는다면, 세상의 고난에 동참하신 예수 그리스도의 사랑을 모르는 것이다. 중요한 사실은 그러한 사랑을 통해 우리는 그에게 받아들여지며 치유된다는 것이다. 우리가 사는 세계를 지배하는 문화는 우리를 중독에 빠지게 하고, 마비시키고, 미혹과 망상으로 가득 차게 한다. 그래서 우리는 진정한 실재를 찾아 깊은 내면의 삶을 살 때만이 진정한 세계를 되찾을 수 있다. 그것은 하나님의 관대하심, 보살피심, 친절과 긍휼을 생명과 진리로 삼는 것이다. 축제와 기쁨을 낳는 이 존재의 은혜 속에서 우리는 그리스도를 따르고 기도해야 하는 것이다.

궁극적으로 우리는 하나님과의 일치, 연합을 목표로 이 세계를 순례자로서 여행하며 살아가는 존재이다. 전 우주적인 화해가 미래에 대한 힌트를 주며, 초월적인 아름다움과 경이로움으로 다가오는 미래 속에서 하나님을 보게 된다. 코스비 목사님은 하나님은 무한한 흐름이시며, 신비하고 거룩한 형언할 수 없는 실재라고 말한다. 하나님의 사랑으로 둘러싸인 존재인 우리는 그러한 임재 속에서 믿음의 신비한 의식을 갖게 된다. 그와 같은 하나님께서 우리 속으로 뚫고 들어오심은 기도를 통해서 가능하며, 그분은 자신의 현시 속에서 우리와 연결하고 교제하신다. 하나님의 전 창조 세계와 우리는 사랑으로 화해해야 하며, 적대와 분리에서 존중과 사랑 그리고 경외의 관계로 변화되어야 한다.

마지막으로 코스비 목사님은 우리를 이렇게 초대하고 부른다. 계속 따르고, 계속 기도하고, 계속 사랑하라고. 이 세 가지를 매일 지속하면 의심의 안개가 사라질 것이요, 따뜻하고 강하고 실재적인 임재를 인식하게 될 것이요, 가장 밝게 빛나는 광명이 우리 생명 속에 밀려들어올 것이라고.

이 묵상집을 통해 우리는 참된 자신을 발견하는 길을 하나님의 사랑 안에서 찾게 됨을 알게 된다. 하나님의 형상으로 창조된 우리는 어떤 존재인가? 우리는 사랑의 존재이다. 하지만 그 사랑은 근원이신 하나님에게서 우리 속으로 흘러들어와 우리를 사로잡고 변화시킬 때 가능한 것이다. 나아가 그 사랑이 이웃과 타자에게 반사되고 흘러들어갈 때 참된 공동체가 된다. 그러한 사랑의 친교의 공동체가 아니라면 교회는 그리스도의 교회일 수 없고, 이 세상을 변화할 수 있는 타자를 위한 긍휼의 터전이 될 수 없을 것이다. 사실 코스비 목사님의 묵상 속에서 나는 웨슬리의 성화와 완전(온전함)의 영성의 핵심을 찾을 수 있었다. 물론 코스비 목사님의 영성은 20세기의 현대적인 분위기에서 형성되었지만, 두 분 사이에 깊은 통합이 있다고 느꼈다.

이 묵상집은 지극히 숭고하고 아름다운 그리스도인의 인격이 묻어난 고백적인 글이다. 그를 통해 우리는 사랑이 무엇인지, 하나님의 성품이 무엇인지, 우리가 어떻게 그 하나님의 성품을 받아들이고 변화되어 다시 그 사랑을 주어

위대한 사랑의 힘에 사로잡힌 삶

야 할지를 따뜻하고 정감 깊은 음성으로 듣게 된다. 오늘날 많은 기독교 영성에 관한 글이 넘쳐나지만, 코스비 목사님의 이 글은 진정 진주와 같이 빛을 발하며 고통과 메마름에 빠져 있는 현대인들의 마음을 어루만져 주고 치유해 줄 것이다. 이와 같은 영감이 넘치는 귀중한 글을 훌륭하게 번역해 소개해 준 유성준 목사님께 진심으로 감사를 드리며, 직접 독자들이 읽고 은혜와 충만의 경험을 누리게 되길 간절히 기원하며 추천을 드린다.

이후정 목사
감리교신학대학교 대학원장, 역사신학

고든 코스비Gordon Cosby는 1932년 처음으로 설교를 시작했다. 당시 그는 15세 고등학생이었는데, 담임목사가 없었던 미국 버지니아 린치버그의 한 시골 흑인교회에서 설교자로 서게 되었다. 이후 고든은 그 교회의 설교자가 되어 달라는 요청을 받았고, 고등학교를 졸업할 때까지 2년 동안 설교를 했다.

학부와 신학교를 졸업한 후, 고든은 제2차 세계대전 기간 중 101 공수부대, 글라이더 327 보병연대에서 군목으로 복무했다. 이 기간 동안 고든은 전쟁이라는 처참한 상황 속에서 성경의 이야기를 어떻게 이해해야 할지를 고민하게 된다. 때때로 전쟁의 참호 안에 갇힌 처절한 상황 속에서 고든은 영혼을 일깨우는 질문들에 직면하게 된다. '이처럼 인류의 절망적 상황 속에서도 성경의 하나님 이야기는 과연 의미를 갖는 것인가?' '예수의 성육신은 과연 믿을 수 있는 사건인가?' '십자가에서 고통당한 예수는 우리에게 근본적인 희망을 줄 수 있는가?'

1946년 전쟁에서 돌아온 고든은 제도권 교회 안에서의 사역자의 역할에 대해 만족하지 못했고, 마침내 자신이 전통적인 목회의 길을 따르도록 부름받지 않았음을 인식하게 된다. 그는 그의 아내 메리 캠벨 코스비Mary Campbell Cosby와 버지니아 린츠버그에서 어린 시절부터 함께 꿈꿔 온 그 꿈을 실현할 때가 되었음을 깨달았다. 그들은 화해를 향한 복음의 부르심을 깊이 받아들이는 새로운 교회를 세우고자 했다. 그들이 꿈꾸는 교회는 그리스도의 몸 안에서 발견되는 모든 다양성을 실현하는 에큐메니컬 교회였다. 또한 이것은 세상의 거대한 고통을 회피하거나, 그 고통을 향해 말씀하시는 거대한 생명의 말씀을 부끄러워하지 않는 교회였다.

그 후 62년간 고든은 매일 성경을 읽고 기도했으며, 거의 매주 설교를 통해 사람들로 하여금 하나님과의 거룩한 만남 속으로 나오도록 초청했다. 동시에 설교를 듣는 그들이 하나님의 창조적인 행동을 위한 촉매자가 되도록 영감을 주었다. 그 결과, 그의 비전을 통해 현재 미국의 수도 워싱턴에는 약 45개의 지역사회 선교사역이 존재하게 되었다.

91세가 되던 2008년, 고든은 매주 설교를 진행하던 설교단에서 은퇴했다. 하지만 그는 가르치고, 상담하고, 설교하는 일을 멈추지 않았다. 그리고 은퇴 이후에는 특히 감옥에서 출소한 출소자들과 관계를 세우는 일에 더욱 헌신하면서 그들에게 깊이 잠재되어 있는 지혜와 사랑을 발견하고자 힘써 왔다.

고든은 최근 몇 년간 자신이 행했던 설교 내용에서 발췌한 것들이 문서의 형태로도 가치가 있을 것인가에 대해 매우 궁금해했었고, 나에게 그 가능성을 판단해 달라고 요청했었다. 그 후 고든은 이 묵상집의 초고를 보고 매우 고무되었다. 하지만 안타깝게도 고든은 이 묵상집의 인쇄본을 받아보지 못하고 2013년 5월 20일 95세를 일기로 그가 그토록 사랑했던 이 세상의 나라에서 완전한 충만함의 나라인 하나님 나라로 떠났다.

위대한 사랑의 힘에 사로잡힌 삶

고든은 종종 '위대한 사랑에 사로잡힌 삶'이 무엇인지에 대해 설교하곤 했다. 우리는 자기만족과 무감각적인 삶으로 흘러가는 경향이 있다. 거룩한 사랑의 힘에 마음을 여는 것은 우리 자신을 치유하고, 우리의 생명이 회복되는 길이다. 그 위대한 사랑은 우리를 본향으로 이끈다.

이 묵상집에서 당신은 그 본향으로 향하는 여정을 위한 완벽한 가이드는 발견하기 어려울 것이다. 단지 약간의 부스러진 길 표시와 여기저기 흩어져 있는 사랑의 쪽지를 발견하게 될 것이다. 그것들은 우리에게 성찰하게 하고, 기도하게 하고, 때로 쉽게 동의하지 못할 것들의 묵상거리를 제공할 것이다. 그러나 적어도 우리가 누구이고, 우리가 누구의 것인지를 상기시켜 주는 계기가 되길 희망한다. 또한 그것들이 본향을 향해 가는 우리의 앞길을 지지해 주고, 계속 본향을 갈망하게 해 주길 희망한다.

케일라 맥클럭
평생을 코스비 목사를 보좌했으며 코스비 목사 은퇴 후에는
세이비어교회 본부교회 설교자로 사역했다. – 역자주

목차

제1부 진정한 우리됨   *Truly Ourselves*

진정한 우리됨

Truly Ourselves

하나님이 인생을 살피시고
사랑하시기를 쉬지 않고 계시다면
내가 할 일은 그저 하나님과 동행하고,
예수님의 멍에를 함께 메는 것뿐입니다.

온전한 존재되기
Becoming Whole

우리의 인생은 원래 사랑과 기쁨, 평화와 흥분됨과 경이로움, 그리고 승리로 가득하도록 설계되어 있었습니다. 그러나 어느 순간부터 우리의 삶이 이토록 무수한 갈등과 생존의 전쟁터로 전락한 것은 참으로 이상하고 안타까운 일이 아닐 수 없습니다. 그러나 우리 모두는 하나님이 본래 설계하셨던 아름다운 삶을 향해 나아가기를 늘 갈망합니다. 그러나 그것을 우리가 이루지 못하는 중대한 문제점 중 하나는 온전함integrity에 대한 이해가 부족하고, 갈급함이 없기 때문입니다.

온전함이란 우리가 날마다의 삶 속에서 밖으로 고백하

는 믿음과 진리가 깊은 내면과 외적 삶이 서로 하나로 일치하는 것을 의미합니다. 믿는다고 고백한 대로 살지 않는 우리의 내적 분열은 우리의 삶을 무참하게 파멸의 길로 이끕니다.

우리 중심의 한쪽 부분은 가장 고상한 것을 믿습니다. 그러나 또 다른 부분에서는 그것을 거의 믿지 않거나 따르지 않습니다. 우리 안에서 이러한 상반된 자아들이 서로 전쟁을 벌이고 있습니다. 분명한 사실은 어느 한쪽의 자아가 다른 모든 자아를 궁극적으로 통합할 때까지는 우리의 불안감은 계속된다는 것입니다.

이 모든 것을 통합하고, 그 결과로 사람들을 보다 온전하게 만들 수 있는 방법은 없을까요? 우리는 파편 조각처럼 나뉘는 것이 아닌 온전한 존재가 될 수 있을까요? 이것을 성경적인 언어로 표현한다면 '우리는 구원받을 수 있을까요?'라고 표현할 수 있을 것입니다.

예수님은 이처럼 깨어지고, 분열되고, 잃어버린 자들을 위해 오셨습니다. 그러나 인류의 역사는 통치자이신 창조주 하나님에 대한 반역의 역사였으며, 동시에 본래 설계된 복된 삶을 살지 못하는 무능력의 역사였습니다.

이제 우리는 깨어진 자아, 진정한 복된 삶에 대하여 진지한 물음을 가져야 할 때입니다.

함께하기
Getting it Together

'함께하기'의 의미가 무엇일까요? 가령 하나님의 은혜로 반항심을 내려놓고, 하나님께서 나의 머리와 헌신, 마음을 하나가 되게 해 주신다면 어떤 일이 일어날까요?

만일 하나님께서 나와 다른 모든 것의 통합을 원하시고, 또 내가 가야 할 곳으로 인도할 능력을 갖고 계신다면, 나는 내 삶을 풍성하게 만들어 주고 나를 통합된 삶으로 인도하는 모든 필요한 경험들을 신뢰할 수 있습니다. 그 어떤 장애물도 나를 방해할 수 없습니다.

무엇이든 시작한 모든 일을 완성하고, 또 완전케 하실 능력을 가지신 하나님께 초점을 맞출 때 나의 불안감은 줄

위대한 사랑의 힘에 사로잡힌 삶

어둡니다. 하나님과 함께 시작한 일에 대해 끝까지 잘 해낼 수 있을지 고민하는 데에 영적 에너지를 낭비할 필요가 없고, 대신 하나님의 함께하심으로 인한 희망과 성취의 흥분을 느낄 수 있게 될 것입니다.

하나님에 대한 나의 의심과 반항심을 내려놓고 그분과 함께한다면…….

우리는 하나님이 아닙니다
God is God, and I am not

하나님이 시간과 세계의 유일한 통치자이시라면, 나는 이 세계와 시간에 대해 최종적 책임이 없을 것입니다.

하나님이 인생을 살피시고 사랑하시기를 쉬지 않고 계시다면 내가 할 일은 그저 하나님과 동행하고, 예수님의 멍에를 함께 메는 것뿐입니다. 즉, 일을 완수하는 것은 궁극적으로 예수님의 책임이기에 나는 단지 그분의 임재를 기대하며 즐길 뿐입니다. 나는 오직 그분을 바라보며, 경이로움, 자유로움, 여유로움, 자연스러움의 상태에서 감격하는 일에만 집중할 뿐입니다.

하나님께서 이미 가장 신중하게 모든 것을 붙들고 계시

위대한 사랑의 힘에 사로잡힌 삶

기 때문에 나는 내 이미지가 다른 사람에게 어떻게 보일 것인가에 너무 마음을 쓸 필요가 없습니다. 만일 내가 사람들에게 어떤 감동을 줄 수 있었다면, 그 모든 영광을 하나님께 돌리면 됩니다. 하나님이 나를 붙들고 계시니 나는 더 이상 자신의 이미지와 가치에 대해 신경을 쓸 필요가 없습니다.

하나님을 통치자로서, 또한 신뢰할 만한 분으로 깨닫게 되는 훈련을 지속적으로 할 때 나는 내 한계 안에서 그분과 더불어 창조적으로 살 수 있게 됩니다.

하나님을 거부하는 것은, 내 자신의 한계를 거부하고 마치 하나님께서 행하신 일 중에서 실수처럼 보이는 일들을 내가 고치고자 하는 것과 같습니다. 사실 이런 태도는 내가 더 이상 피조물이 아니라 창조주가 되려 하는 교만의 자세입니다.

만일 내가 하나님을 신뢰하는 것에 대해 훈련이 된다면 새롭고도 놀라운 사실을 경험하게 될 것입니다. 그것은 내 부족과 한계조차도 그분의 사랑의 표현으로 보게 될 뿐 아니라, 그토록 원하던 무한한 자유를 얻게 되는 것입니다. 무엇보다 내가 지금 처한 환경을 나를 위한 가장 최고의 조건으로 바라보며 하나님께 감사하기 시작할 것입니다.

만일 이런 분이 하나님이시라면, 우리 중 그 누구도 하나님과 더불어 완전함으로 나아가기 위해서 필요한 훈련들을 거부하지 않을 것입니다.

위대한 사랑의 힘에 사로잡힌 삶

하나님을 필요로 함
Needing God

예수님의 중심 속에 있었던 '연합union', '교제communion', '하나님과 하나 됨oneness with God' 등은 사실 우리에게 매우 어려운 주제들입니다.

예수님은 하나님이 우리의 자아 깊은 곳으로 들어와 만지시는 것을 방해하는 우리의 척박한 마음을 '토양의 딱딱함, 얄팍함, 복잡함'으로 묘사하셨습니다.

하지만 언젠가는 어떠한 방법을 통해서든지 하나님의 인내심 있는 돌보심을 통해서 우리의 마음 밭은 하나님이 만지시기 좋도록 충분히 준비될 것입니다. 그리고 결국 위로부터 오는 무엇인가가 우리의 속을 뚫고 들어와서 뿌리

제1부 진정한 우리됨

에 닿을 것입니다. 그럼으로써 우리는 우리 존재의 근원이
신 하나님이 우리 내면 깊은 곳을 만지심을 체험하게 될
것입니다.

우리의 내면 깊은 것이 건드려질 때, 우리는 깊은 내적
갈망에 의해 압도될 것입니다. 그리고 우리 안에서 그 초
월적 실재the true Beyond reality이신 하나님을 향해 갈망하
는 마음이 생겨날 것입니다.

우리는 그동안 여러 가지 방법으로 많은 것을 시도해 왔
습니다. 하지만 그 어떤 것도 우리의 깊은 내면에 도달하
고, 우리의 진정한 내적 갈망을 만족시켜 주지 못했습니다.
이제 우리는 거룩한 실재이신 하나님에 의해 거룩한 뚫림
과 거룩한 침노를 당해야 합니다. 거룩한 실재이신 하나님
께서 우리 속으로 뚫고 들어오셔야만 합니다.

하나님께로 나아감
Reaching out to God

거짓 자아가 하나님께로 다가가는 것은 고통스럽습니다.

하나님은 우리가 하나님께로 나아가기 훨씬 전부터 우리에게 다가오고 계십니다. 그러나 우리는 자신이 무엇이 필요하고 무엇을 원하는지를 알고 있는 때에도 하나님께 나아가기를 거절합니다.

나는 십 대였을 때 대부분의 십 대가 경험하는 다음과 같은 상황에 직면했습니다. "그래, 나는 그동안 충분히 놀 만큼 놀았어. 이제는 여기서 빠져나가야 해. 지금은 이렇게 쓸데없는 얘기만 할 때가 아니라 정말로 기도를 시작할 때야!"

그리고 실제로 나는 정말 기도를 시작하곤 했습니다. 때때로 나는 30분씩 기도했고, 이것은 정말 굉장한 일이었습니다. 그럴 때면 나는 최소한 내가 해야 한다고 알고 있는 일을 하고 있었기 때문에 죄책감을 떨쳐 버릴 수 있었습니다. 심지어 그때마다 하나님의 임재를 느끼기도 했습니다.

그러나 이처럼 놀라운 기도 시간을 가진 지 5분이 지난 후에는 거의 변함없이 천국과 지옥에 관한 모든 것이 빠져나가고, 나의 태도는 내가 기억하는 과거 어떤 때보다도 더 흉측하게 돌변하는 것을 경험했습니다.

그래서 나는 당신에게 이렇게 경고하고 싶습니다.

"하나님께 나아갈 때 당신의 느낌으로 하나님께 나아가고 있다고 판단하지 말고, 오직 그분께 나아가기 위해 지속적으로 힘쓰십시오."

다양함을 사랑하는 법 배우기
Learning to love diversity

만일 우리가 하나님이 나에게로 보내 주신 사람들의 다양함을 사랑하는 법을 배울 수 있다면, 우리 자신은 인류 가족의 전체성totality에 대해 마음이 열리고 반응할 수 있을 것입니다. 그리고 내가 함께 지내기 가장 어려워하는 사람이 지금 내 삶에서 하나님이 주신 가장 최고의 선물임을 알 수 있을 것입니다.

우리는 언제나 우리 자신에게 필요한 모든 것을 가장 잘 채워 줄 수 있는 공동체를 찾습니다. 어린 시절 우리는 많은 거절을 경험했습니다. 그래서 이제 우리는 우리를 지지하고, 격려하고, 결코 실망시키지 않을 공동체를 찾고 있는 것입니다. 심지어 우리는 '그리스도의 몸'이라 불리는 공동체만큼은 반드시 모든 필요와 원하는 것을 제공해 줄 것이라고 기대하면서 이상화합니다.

하지만 모든 공동체는 여러 수준의 능력을 가진 사람들로 구성되어 있는 것이 사실입니다. 그리고 대부분의 사람은 어느 한 부분 또는 그 이상이 깨어져 있습니다. 공동체 안에는 심한 상처를 입은 사람도 많이 있습니다. 그들은 복음과 예수가 진짜이길 바라는 희망을 갖고, 공동체가 그것을 증명해 주길 갈망하면서 주변을 두리번거립니다.

과연 그들은 공동체 안에서 사랑을 발견할 수 있을까요? 우리는 예수가 그들이 필요로 하는 것을 주시는 분이심을 어떻게 보여줄 수 있을까요?

우리는 누구인가?

Who are we?

가장 깊은 근원에서의 우리는 누구일까요?

가장 깊은 곳에서 우리는 사랑입니다. 왜냐하면 우리의 내면 깊은 곳에는 사랑이 거하고 있기 때문입니다. 우리는 본래 사랑과 빛이신 하나님과 같은 이미지로 만들어졌습니다. 하나님 안에는 어둠이 전혀 존재하지 않습니다. 따라서 하나님의 형상으로 창조된 우리는 사랑과 진리와 선이었습니다. 즉, 본래부터 우리는 하나님과 같은 존재였습니다. 우리는 독특하고, 귀중한 존재입니다.

예수님을 바라볼 때, 우리는 본래 의도된 인간의 참본성을 볼 수 있습니다. 완전한 인간이요 완전한 신이신 예수님은 우리에게 인간의 참본성이 무엇인지, 그리고 신적 본성이 무엇인지를 보여 주십니다.

우리의 목표는 우리의 내적 아름다움과 사랑 속으로 깊이 내려가서 우리 자신의 깊은 내면 안에서 안식하는 것입니다. 우리는 공동체 안에서 다른 사람들과 함께함으로써 더욱더 우리 자신, 즉 진정한 우리가 되어가는 것에 헌신할 수 있습니다.

그리고 우리는 장기적으로 나아가 영원히, 무조건적 관계 안에서 다른 사람에게 보다 자유롭게 자신을 개방하는 일에 헌신할 수 있습니다.

하나님의 본성 안에 잠김
Immersed in God's nature

그리스도 안에서 나는 모든 사람과의 화해를 추구합니다. 나는 화해 중재자입니다. 나의 본성은 복수를 추구하지 않습니다. 심지어 '눈에는 눈', '이에는 이'와 같은 '동해보복'도 추구하지 않습니다.

그리스도 안에서 나는 개인적으로든, 국가를 통해서든 결코 살인을 하지 않습니다. 그리스도 안에서 나는 개인적, 국가적, 전 세계적인 원수를 사랑하는 법을 배웁니다. 나는 다른 사람을 모욕하는 일에 관여하기보다는 차라리 내가 고통받기를 원합니다. 나는 그 누구도 비하하지 않고 조롱하지 않습니다.

나는 수백만의 하나님의 사람들을 불태우고, 하나님이 창조하신 창조의 아름다움을 파괴할 수 있는 핵무기 개발에 관련된 어떤 계획에도 찬성할 수 없습니다. 나는 결코 그럴 수 없습니다. 만일 이에 반하는 행동을 한다면, 그것은 스스로 나의 정체성을 부정하고, 내가 그리스도 안에 있음을 부정하는 것입니다.

나는 누구인가? 나는 그리스도 안에 있는 존재입니다. 이는 이 질문에 대한 모든 다른 답변의 기초입니다. 나는 하나님의 본성 안에 잠겨 있습니다. 그리스도의 본성이 나의 존재 깊은 곳을 뚫고 들어와 있습니다. 이것이 바로 나의 핵심적인 정체성입니다.

악에 의해 놀람
Surprised by Evil

우리는 계속해서 마귀에 의해 놀랍니다.

우리가 압제 당한 사람들에 대한 측은지심과 그에 대한 연민의 마음이 커질수록 세상의 잔인함, 폭력 그리고 고통이 더욱 선명하게 보일 것입니다.

또한 우리 자신이 세계 수백만의 난민과 빈민 중의 한 사람으로 느껴지기 시작할 것입니다. 그리고 우리는 이런 문제들이 우리가 상상했던 것보다 훨씬 더 심각하다는 것을 고통스럽게 인식하게 됩니다.

우리는 우리가 다른 사람들에게 압제 당하는 사람들의 이야기를 전달하기만 하면 많은 사람이 여기에 호응할 것으로 생각해 왔습니다. 하지만 대개의 경우 사람들은 반응하지 않습니다. 사람들은 우리 이야기를 들어 줄 수 있고, 심지어 우리를 존경할 수도 있지만, 결코 우리가 기대한 만큼 반응하지는 않습니다. 그들은 이런 비참함 속에 존재하는 악을 보지 못하기 때문일까요?

인간의 삶에 숨겨진 악을 아는 것은 우리로 하여금 경계하도록 합니다. 세상에 대해서는 물론 우리 서로 간에도 경계하게 합니다. 악을 허용하고, 타인을 돌보지 않는 사람들을 만드신 하나님 안에서 과연 우리는 편히 쉬면서 기뻐할 수 있을까요? 또한 늘 불안하고, 불편하고, 서로 믿지 못하는 상태에서 살 수 있을까요?

우리는 반드시 기억해야 합니다. 악이 생겨났고, 마찬가지로 사랑도 생겨났습니다. 이제 우리는 어느 곳에서 살지 선택해야 합니다.

나는 사랑 안에서 영원히 살기를 원합니다.

우리의 진정한 고향
Our true home

우리 모두는 갑작스럽게 죽지 않는 한, 언젠가 지각력과 행동능력이 크게 손상되어 심지어 우리가 사랑했던 사람들조차 기억하지 못하거나, 우리 자신이나 다른 사람을 위해 아무것도 할 수 없는 어떤 가망도 없는 상태에 이르게 될 것입니다. 이런 상태에 이르면 우리는 더 이상 인격이 없는 것일까요? 아니면 지각력과 행동능력 아래에 다른 무언가가 존재하는 것일까요?

과연 영원으로 깊어지고 확장되는, 우리가 진정한 자아라고 말할 수 있는 존재가 있는 것일까요? 중요한 사실은 이러한 독특하고 깊이 있는 인격이 과연 존재하는가의 여부입니다. 그것은 우리가 인식하지 못하지만 실재하는 것일까요? 우리 각자의 독특함에 걸맞고, 우리의 내적 진실, 즉 우리가 진정 누구인지를 이끌어 내는 진정한 자아가 존재할까요?

우리는 얄팍하고, 표면적인 자아로부터 벗어난 삶을 살 수 있습니다.

또한 우리 안에는 하나님의 영이 이미 거주하고 계신 진정한 깊은 내면의 자아가 존재한다고 할 수 있습니다. 오직 그때에야 우리는 자유롭게 됩니다. 오직 그때에야 우리는 마이스터 에크하르트Meister Eckhart가 말한 "아무것도 알 필요가 없고, 아무것도 할 필요가 없고, 아무것도 가질 필요가 없는" 자유를 경험할 수 있습니다.

그리고 이러한 내적 자유의 상태가 바로 우리의 진정한 고향입니다.

위대한 사랑의 힘에 사로잡힌 삶

서로에게 속함

Belonging to Each Other

우리는 서로 잃지 않을 것입니다.
우리는 하나님이 거하고 계신
궁극적인 '그곳에' 영원히,
서로를 위해 존재할 것입니다.

우리는 연결되어 있습니다
We are connected

본래 개인주의라는 것은 존재하지 않습니다.

우리 중 많은 사람이 개인주의라는 가설 혹은 가정假定 아래 살고 있습니다. 하지만 분리됨은 실재성이 없는 정신적 개념일 뿐입니다.

우리는 서로 연결되어 있습니다. 그것도 단지 몇몇 사람에게만 그런 것이 아니라 모든 것에 연결되어 있습니다. 이것이 원래의 우리입니다.

만일 우리가 연결될 수만 있다면 아름다울 것이라고 가정해서 말하는 것이 아닙니다. 지금 현재 우리가 서로 연결되어 있다고 말하는 것입니다. 내가 좋아하든 좋아하지 않든 간에 상관없이 나는 당신에게 속해 있습니다. 당신이 이런 개념을 좋아하든 그렇지 않든지 간에 당신은 나에게 속해 있습니다. 우리는 모든 창조물에게 속해 있습니다. 그리고 모든 창조물은 우리에게 속해 있습니다.

이를 경험하기 위해서는 실천이 필요한데, 가장 먼저 거북한 사람들과 함께할 것을 제안합니다. 몇몇 사람들은 덜 거북한 사람들과 해도 되는지 나에게 질문합니다. 그러나 나는 언제나 "안 됩니다"라고 말해 줍니다.

만일 우리가 가장 거북한 사람들과 함께하지 않는다면, 우리는 결코 모두에게 다가갈 수 없습니다. 우리는 우리의 존재 깊은 곳에서 모든 피조물에게 속해 있다는 생각에 진정으로 익숙해져야만 합니다. 이것이 바로 성경에서 말하는 예수께서 우리와 함께하기 위해 자신을 낮추신 이유입니다. 예수님은 우리 모두에게 속하기를 원하셨습니다. 심지어 가장 거북한 조건 속에서도, 그는 우리와 언약을 맺기를 원하셨습니다.

예수님은 부유하셨지만, 우리를 위해 가난하게 되셨습니다. 예수님은 우리의 가난과 더러움과 깨어짐을 받아들이기를 주저하지 않으셨습니다. 그는 우리를 포용하고 환

위대한 사랑의 힘에 사로잡힌 삶

영하셨습니다. 그는 "가난한 자들은 복이 있다"고 말씀하셨습니다. 따라서 우리가 우리 자신의 가난함과 서로의 가난함을 받아들이고 인식할 때 복될 수 있습니다.

우리가 의식적으로 우리 속에 계신 하나님께서 흘러 역사하시도록 하고, 다른 사람 속에 계신 하나님과 연결되도록 할 때, 우리는 우리가 서로에게 속해 있을 뿐 아니라 신적인 관계 안에서 서로 연합되어 있음을 경험하게 됩니다. 우리는 전체 안에서의 '개별성is-ness'을 경험하고, 그 결과 영원한 영역에 속한 영생의 물결이 지금 이 세상으로 확장되어 흘러오는 것을 경험하게 될 것입니다. 우리는 바로 이 소속됨을 통해 느끼는 클라이맥스를 위해서 우리의 영혼을 준비하는 것입니다.

이는 단지 하나의 관념이 아니라 실제 우리가 창조된 방식입니다. 우리는 서로에게 속해 있고, 서로에게 참여하고 있습니다.

이제 나는 공동체의 일원입니다
Now I am a people

성육하신 나사렛 예수님은 집이 없었습니다. 다만 예수님은 필요한 것을 공급해 주는 여자와 남자들로 구성된 한 공동체를 갖고 계셨습니다. 즉, 그는 집이 없었음에도 불구하고 그를 돌보는 공동체를 갖고 계셨던 것입니다.

오늘날 도시의 거리에서 겨우 생존하고 있는 수천 명의 지친 사람들 속에 성육신하고 계신 예수님은 과거와 같은 돌봄의 공동체를 갖고 계시지 않습니다. 오늘날 예수님이 거리에서 함께 부딪히는 노숙자들은 대개 정신적으로 병들어 있고, 친밀한 관계를 유지할 능력이 없습니다.

우리가 그에게 공동체가 되어 주지 않는 한, 오늘날 예

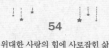

위대한 사랑의 힘에 사로잡힌 삶

수님의 노숙생활은 과거 팔레스타인에서의 노숙생활보다 상황이 훨씬 더 나쁩니다. 당신은 예수님과 그의 깨어진 친구들을 상상할 수 있습니까? 당신은 공동체의 안전과 사랑에 대해 그들이 어떻게 반응할지 상상할 수 있습니까?

만일 우리가 모든 사람을 위한 안전과 사랑의 공동체의 비전 안에서 살아간다면 우리는 내적인 힐링healing을 경험하게 될 것입니다. 그때 우리 모두는 다 함께 이렇게 말할 수 있을 것입니다.

"과거 나는 쓸모없는 자였습니다. 하지만 지금 나는 중요한 존재입니다. 과거 나는 어떤 공동체에도 속하지 못했습니다. 하지만 지금 나는 하나님 백성 공동체의 일원이 되었습니다."

하나님의 꿈
God's Dream

이 세상에는 이상적인 공동체가 없습니다. 앞으로도 없을 것입니다.

우리 모두는 디트리히 본회퍼가 "소원하는 꿈wish dreams"이라고 불렀던 것들을 자기가 희망하는 공동체에 투영할 수 있는 능력이 있습니다. 그러나 우리는 공동체에 들어올 때 이미 탈출을 준비하기 시작합니다. 그리고 공동체의 미숙함과 깨어짐을 보기 시작하자마자 공동체를 떠날 좋은 이유라고 결정을 내립니다.

신실한 공동체가 되고자 노력한 지 50년이나 지난 지금에도, 나는 그렇게 적은 수의 사람들이 그렇게 수많은 문제를 일으키고, 그렇게 수많은 상처를 준다는 것이 믿어지지 않습니다. 사람들은 과연 이것이 가치 있는 일인지 의아해합니다.

하지만 예수 안에서 하나님은 포기하지 않으셨습니다. 하나님의 꿈은 절망적인 인류를 모두를 위한 하나님의 미래로 안내해 주는 신실한 공동체인 교회입니다.

나는 하나님의 미래를 향해 전진하는 상처받은 백성 중 일부가 되길 원합니다. 왜냐하면 백성이 없다면, 나 개인의 중생에도 불구하고 나는 어쩔 수 없이 비존재로 사라져 버릴 것이기 때문입니다. 공동체 없이는 나는 죽게 될 것입니다.

소속됨의 의미는 무엇인가?
What if means to Belong

교회의 일원이 되는 것은 예수 그리스도의 인격과 그분의 존재 앞에, 그리고 특정한 그룹의 사람들에게 자기 자신을 더욱 깊이 내려놓는 것입니다.

소속된다는 것은 몸의 세포들이 다른 세포들에게 자신의 것을 주고 다른 세포로부터 필요한 것을 공급받는 것처럼, 그리스도의 몸의 세포가 되기 위해서 다른 사람들에 의해 서로 상호 침투하는 존재가 되는 것에 대해 동의하는 것을 의미합니다.

또한 소속된다는 것은 개인주의라는 오래된 감각이 사라지는 것을 말합니다. '나'는 '우리'가 됩니다. 개인이었던

위대한 사랑의 힘에 사로잡힌 삶

'나'는 사람들 속으로 흘러들어가고, 그들은 나에게로 흘러들어옵니다. 한때 분명한 경계로 느껴지던 것들은 더 이상 명확하지 않게 됩니다. 이것이 바로 융합된 삶입니다.

불편함에도 불구하고, 나는 지금 나 자신이 드러나게 되길 열렬히 바라고 있습니다. 나는 사람들이 나의 내면 깊은 곳의 전체를 듣고 수용할 것을 믿습니다. 나는 의도적으로 나 자신을 드러냅니다. 이러한 드러냄으로 인해 상처가 생김에도 불구하고 나는 결코 후퇴하지 않을 것입니다.

나는 어느 날 나의 강한 독립성을 내려놓은 것을 보았습니다. 나는 보다 큰 전체에 속해 있습니다. 이제 '나의 것' 또는 '너의 것'과 같은 구분은 더 이상 존재하지 않습니다. 그곳에는 방어할 것도, 보호할 것도 없습니다. 소속된다는 것은 바로 이처럼 자유로움의 새로운 세계로 들어가는 것입니다.

그리스도와 그리스도의 사람들에게
"예"하기
"Yes" to Christ and to Christ's people

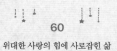

나는 그리스도께 내 삶의 모든 영역에서
실제적인 우선권을 드릴 것을 약속하면서,
나의 삶과 운명을 그리스도에게 헌신합니다.
－세이비어교회 교인등록 헌신서에서

그리스도에 대한 우리의 헌신은 내면적으로 깊이 있고,
강력하고, 완전하며, 영원합니다. 우리는 영원하고 궁극적
인 존재에 의해 사로잡혔고, 이 사로잡힘은 그분에게 영원
히 소속되는 것입니다. 우리 곁에 함께 계시고, 우리 위에
계신 그분께 헌신하는 것은 사랑 안에서 나 자신을 영원히

위대한 사랑의 힘에 사로잡힌 삶

내어 드리는 것을 의미합니다. 여기서 유일한 질문은 "어떻게 이 열정적인 사랑을 향해 나 자신을 더욱 완전하게 복종하게 할 것인가?"라는 것입니다.

우리는 오늘, 내일, 심지어 죽음 이후에도 그리스도에게 영원히 부름 받았는데, 이것은 지속적으로 사랑을 주고받는 계속되는 여정입니다. 예수 그리스도께 속한 우리는 오늘 이 시대에 그의 몸으로 함께 부름 받는 다른 사람들에게 소속됨을 통해서 그에게 속한다는 것을 알고 있습니다.

그리스도께 "예"라고 말하는 것은 그의 백성에게 "예"라고 말하는 것입니다. 그리스도를 하나님으로 아는 것은 유기체적, 통합적으로 공동체의 일부분이 되는 것입니다. 그리고 그리스도께 책임감을 갖는 것은 그리스도의 몸 안에서 다른 사람에게 책임감을 갖는 것입니다. 깨어진 인류 전체가 그리스도의 몸인 교회를 통해 나타나는 하나님의 사랑에 응답할 때까지 우리는 함께 세상을 향해 그리스도가 누구인지 보여 주어야 합니다.

그리스도는 지속적으로 자신을 우리에게 부어 주십니다. 다만 각자에게 개인적으로가 아니라 공동체적으로 우리 모두에게 부어 주십니다. 그러므로 서로에게서 분리되는 것은 그리스도와 그분께서 우리에게 이끄신 그의 가족에 대한 저항입니다.

우리가 교제를 나눌 때에 무엇인가 신비한 일이 발생합니다. 우리가 그리스도 이름 안에서 그의 가족으로 받아들여지고, 또 우리가 새로운 사람을 받아들일 때 어떤 영원히 중대한 일이 일어납니다. 이것은 결코 단순히 사람들의 사교 클럽이나 모임이 아닙니다. 우리는 영원히 서로 유기체적 관계로 묶여진 일원이 되는 것입니다. 우리는 서로에게 자신을 주는 것을 배워 가는 여정에서 어떤 제한도 두지 말아야 합니다.

위대한 사랑의 힘에 사로잡힌 삶

무한 책임
Unlimited Liability

수많은 요구사항이 나를 찾아옵니다.

그런데 나의 시간, 에너지, 관심에 대한 구체적인 요구사항들은 다른 경쟁적 요구사항, 나의 제한성과 제한된 능력, 그리고 요구받는 그 순간의 나의 이해에 의해 조정됩니다.

그러나 내가 원하는 것은 모든 사람에게 제한 없이 내가 줄 수 있는 모든 것을 주는 것입니다. 특별히 나는 모든 사람에게 가능한 한 최소한의 제한만을 두고 싶습니다.

나는 당신에게 무한한 용서, 무한한 기도, 무한한 재정, 무한한 감정적 영적 지원을 하고 싶습니다. 나는 당신을 위해 무한한 책임을 져 주고 싶습니다. 그리스도 안에서

제2부 서로에게 속함

나는 절대로 당신을 떠나거나 포기하고 싶지 않습니다.

우리는 다른 사람을 위해 무한 책임을 지려고 하기보다 다른 사람이 우리를 위해 그렇게 하기를 요구하는 경향이 있습니다. 우리는 우리가 얼마나 탐욕스러운지, 우리의 요구사항이 얼마나 끊임없는지를 보게 됩니다. 그리고 우리는 우리가 맡고 있는 책임 이외에 다른 사람들의 요구를 들어주려고 할 때 우리가 얼마나 쉽게 탈진하고 소진되는지도 알고 있습니다.

하지만 무한 책임은 우리 자신을 위해서는 아무것도 요구하지 않으면서 다른 사람들을 돌보고자 하는 마음을 의미합니다. 이것은 생명이 은혜임을 아는 것입니다. 생명은 감사하는 태도와 우리에게 임한 은혜를 전달하고자 하는 의지에 반응합니다. 생명은 절대 요구에 반응하는 것이 아닙니다.

구체적인 사항들은 바뀔 수 있습니다. 하지만 서로를 향한 우리의 사랑의 무한 책임은 시간이 지날수록 더욱 성숙하고 깊어질 것입니다. 영원토록 그렇게 될 것입니다. 우리의 친밀감은 결코 깨질 수 없습니다. 우리 사이의 변화는 결코 우리를 파괴할 힘이 없습니다.

위대한 사랑의 힘에 사로잡힌 삶

나는 당신을 잃지 않을 것이고, 당신도 나를 잃지 않을 것입니다. 우리는 하나님이 거하고 계신 궁극적인 '그곳에' 영원히, 서로를 위해 존재할 것입니다.

거룩한 하나 됨
Divine Oneness

그리스도인 공동체는 단순히 수용을 잘하는 공동체가
아닙니다.

그리스도인 공동체는 어떤 사람의 현재 모습을 단지 수
용하는 수준을 뛰어넘어 하나님이 그리스도 안에, 그리고
그리스도가 하나님 안에서 완전히 하나가 되었던 것처럼
서로 하나 됨을 향해 전진합니다.

하나 됨은 예수님의 것입니다.

세상은 우리 안에 있는 거룩한 하나 됨을 인식하기 전까
지는 거룩한 어떤 존재가 우리의 삶에 들어왔다는 사실을
결코 믿지 않을 것입니다.

예수님께서 우리에게 보여 주시는 하나 됨은 결코 획일성이 아닙니다.

그것은 복종이 아닙니다. 획일성은 진정한 하나 됨이 아닙니다. 하나 됨은 각자가 그의 독특함과 개성 속에서 살아갈 때 일어나는 것입니다.

그리스도 안에 계신 하나님께 자기 자신을 온전히 바치고, 동시에 그리스도인 공동체를 자신이 성장해야 할 장소로 삼아 온전히 헌신한 사람은 자유롭게 되어 마침내 그의 독특성이 나타나게 됩니다.

그 사람은 결코 획일성의 유혹에 사로잡히지 않고, 다른 사람과 함께 거룩한 하나 됨의 길을 가게 됩니다.

제3부

용서의 친밀함
The Intimacy of Forgiveness

예수님의 생애 마지막 순간에는
그 누구도 그의 곁에
남아 있지 않았습니다.
그래도 예수님은
모두를 용서하셨습니다.

모든 것의 중심
At the heart of it all

만일 우리가 그리스도의 가족 안에 있다면, 우리는 서로 친밀한 관계 안에 있는 것입니다. 신앙을 가진다는 것은 우리가 이 새로운 가족 안에서 서로에게 가까이 다가갈 것을 약속했다는 것을 의미합니다.

물론 이들은 현재 우리에게 가장 큰 상처를 줄 수 있는 힘을 갖고 있는 사람들이기도 합니다.

우리 모두는 사랑하는 일에 익숙하지 않습니다. 우리 모두는 사랑하는 일에 있어서는 마치 초보자처럼 미성숙합니다. 우리는 의도하지 않았지만, 그러나 매우 기발한 방법으로 서로에게 상처를 줍니다. 따라서 공동체가 서로 친밀하도록 붙잡을 수 있는 유일한 방법은 오직 서로를 용서하는 것입니다.

예수님에게는 이 용서가 모든 것의 중심이었습니다. 3년 동안의 헌신적인 사랑과 가르침에도 불구하고, 훗날 교회의 시초가 되는 예수님의 작은 제자그룹 안에는 사실 예수님이 누구신가에 대해 온전히 이해하는 사람이 단 한 명도 없었습니다. 심지어 그중 한 사람은 예수님을 배신했고, 또 한 사람은 예수님을 모른다고 부인했습니다. 심지어 예수님의 생애 마지막 순간에는 그 누구도 그의 곁에 남아 있지 않았습니다.

예수님은 이 상황에서 무엇을 하셨습니까? 그가 어떻게 반응하셨나요?

예수님은 그들 모두를 용서하셨습니다.

위대한 사랑의 힘에 사로잡힌 삶

공동의 운명
A Common Destiny

우리가 스스로 파트너를 정했다 하더라도, 그 관계를 장기적으로 유지하고 깊이 있게 만드는 것은 어렵습니다. 하물며 그리스도의 몸을 지역사회에 나타내도록 하는 목적을 위해서 하나님께서 임의로 이끌어다 놓은 사람들과 깊은 관계를 유지하는 것은 얼마나 어렵겠습니까?

특히 우리가 다양한 계층으로부터—교육받거나 교육받지 못한 사람, 문명인 또는 비문명인, 다양한 종족과 인종과 문화, 서로 상반된 정치적 입장과 신학적 이해, 부자와 가난한 자 등—이끌려 나온 사람들과 함께하는 삶을 유지하는 것은 거의 불가능할 정도로 어려울 것입니다.

예를 들어, 가난한 사람들은 부자들이 아름다운 집과 다양한 사치품을 고집한다고 생각하는 반면, 부자들은 가난한 사람들이 자신들의 과거 경험상 결코 만족할 수 없는 것들에 집착한다고 생각합니다. 또한 부자들은 과거 자신들이 자연스럽게 여겼던 삶의 방식이 궁핍 속에 살아가는 가난한 사람들의 관점에서 볼 때 수용하기 어려운 삶의 방식이라는 것을 발견하고 내적으로 찢어짐을 느낍니다. 반면, 가난한 사람들은 부자들이 경험하는 또 다른 종류의 궁핍을 알게 될 때 내적으로 찢어짐을 느낍니다.

진정으로 공동의 운명을 나누는 것, 즉 진정으로 서로에게 속하고 서로를 의존하는 것은 다양화를 추구하는 공동체에게 결코 쉽지 않은 일입니다. 하지만 그것은 공동체가 생존할 수 있는 유일한 희망입니다. 즉, 우리가 서로에게 정직할지 말지, 또 서로에게 자신이 알려지는 것을 원할지 말지가 모든 것을 결정하는 것입니다.

높은 희망
High Hopes

우리와 가까운 사람들은 우리를 고갈시킬 수 있는 힘을
갖고 있습니다.

특히 우리의 가장 가까운 가족이나 친구들은 우리에게
가장 큰 상처를 입힐 수 있습니다. 우리 모두는 사랑하는
데 서툽니다. 그래서 바로 이 서투름 때문에 우리가 다른
사람에게 상처를 입히기도 하고, 또 다른 사람에게 상처를
받기도 하는 것입니다.

우리는 모두가 똑같게 되도록 만들어지지 않았다는 사
실을 잘 알고 있습니다. 하지만 우리는 우리가 사랑하는
사람들만큼은 삶에 관해 우리가 보는 방식대로 보기를 원

합니다. 즉, 그들이 우리와 똑같은 가치관을 갖고, 우리와 똑같은 관점으로 보기를 원한다는 것입니다.

우리의 가정생활, 직장관계, 신앙공동체에서의 친밀감은 우리가 다른 사람을 알고자 하거나 우리 자신이 다른 사람들에게 알려지고자 하는 것뿐만 아니라 각 존재의 독특함을 수용하는 데 있어 걸림돌이 되기도 합니다.

우리를 공격하는 가장 서툴고, 상처를 주는 행동을 포함해 우리가 모든 사람, 모든 그룹으로 하여금 그들 자신이 되도록 할 수 없다면, 그들은 우리의 기쁨을 고갈시키는 존재가 될 것입니다. 우리는 잔인하고 모욕적인 행동으로 우리를 공격하는 사람들과 색다른 방식으로 접촉해야 할지 모릅니다. 하지만 만일 우리가 우리의 타고난 권리인 기쁨 안에서 살기를 원한다면, 우리는 반드시 그런 행동을 하는 그들을 용서하는 길을 선택해야 합니다.

위대한 사랑의 힘에 사로잡힌 삶

그리고 엄청난 요구들
and great demands

  우리는 사람들을 사랑합니다. 특히 우리가 관심을 갖고 있는 모든 사람이 그들이 될 수 있는 모습으로 변화되길 기대합니다. 즉, 우리는 우리가 사랑하는 사람들에게 희망과 기대를 가진다는 것입니다. 그런데 이상한 일이 벌어지고 맙니다. 우리의 희망과 기대가 강압적인 요구사항으로 변질된다는 것입니다.

  우리는 우리의 희망과 기대가 실현되기를 요구하면서, 사람들이 우리가 기대했던 모습대로 변화되지 않을 때 그들을 용서하지 못합니다. 우리는 실망하고 우리의 영혼은 낙심하게 됩니다.

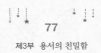

그런데 문제는 다른 사람에 대한 우리의 희망과 기대만 요구사항으로 변질되는 것이 아니라, 우리 자신에 대해서도 파괴적인 요구자로 변질된다는 것입니다.

나는 나 자신에게 "고든 나는 너에게 큰 희망을 걸어왔어. 왜냐하면 너는 굉장한 잠재력을 갖고 있거든. 그러니 너는 지금쯤 내적으로 굉장히 성숙한 상태여야만 해. 너는 내가 알고 있는 너의 최대한의 능력을 가진 사람이 되어야 해. 그런데 너는 어떻게 지금 그 나이에 아직도 그런 문제들을 갖고 갈등할 수 있지?"라고 말합니다.

나는 아직 내가 희망하고 기대했던 수준에 이르지 못했습니다. 나는 나의 바람을 요구사항으로 바꾸었고, 그 결과 스스로 매우 실망할 수 있는 위험을 자초하고 말았습니다.

그러나 만일 내가 다른 사람과 나 자신에 대해 항상 실망하기만 한다면 기쁘게 살기는 어려울 것입니다. 나는 다른 사람들이 내가 기대한 만큼 성장하지 않은 것에 대해 용서해야만 합니다. 또한 내가 지금의 내 나이에 이 정도는 되어야만 한다고 기대했던 대로 성장하지 않은 것에 대해서도 나 자신을 용서해야 합니다. 우리는 절대로 희망과 기대가 파괴적인 요구사항으로 변질되는 것을 허용해서는

위대한 사랑의 힘에 사로잡힌 삶

안 됩니다.

　하나님의 피조물은 요구하거나 요구당하도록 창조되지 않았습니다. 우리는 본질적으로 받는 존재입니다. 하나님은 주시고, 우리는 받습니다. 우리는 감사하고 기뻐하면서 빈손으로 하나님께 받는 것을 연습해야 합니다. 다른 사람이나 우리 자신에게 비현실적인 기대를 요구하는 것은 우리의 삶에서 은혜와 은사, 풍요함을 누리고 경험할 가능성을 사라지게 하는 것일 뿐입니다.

감사 속에 살기
Dwelling in Gratitude

우리가 어떤 필요에 직면할 때, 우리의 내면의 깨어짐을 회개할 때, 그리고 우리 속에 있는 하나님과 타인과의 관계에서의 강한 독립성향을 인식하게 될 때, 우리는 그동안 우리가 다른 사람에게 부과했던 투사projections를 내려놓을 수 있게 됩니다. 그리고 지금 우리의 인생 여정에서 우리와 동행하도록 붙여진 순례자들에게 감사하며 살 수 있게 됩니다. 심지어 그들이 자신들의 삶에서 힘든 싸움을 하고 있고, 또 우리를 공격할 수 있는 능력을 갖고 있더라도 말입니다.

그동안 나에게 도전한다고 생각했던 그 사람은 정확하

위대한 사랑의 힘에 사로잡힌 삶

게 지금 나에게 필요한 사람이 됩니다. 갑자기 나는 이 놀라운 사람들의 가능성에 대해 생각하게 됩니다. 따라서 이러한 놀라운 공동체에 속하게 된 것이야말로 얼마나 큰 선물입니까!

나는 나를 괴롭혔던 바로 그 사람들을 나를 위한 특권과 선물로 보기 시작합니다. 나는 문자 그대로 지금까지 내가 그들에 의해 지탱되어 왔음을 깨닫습니다. 나는 공동체가 아니었다면 결코 열매 맺지 못했을 것들을 은혜롭게 열매 맺을 수 있었습니다. 그래서 이제 나는 사람들의 깨어진 면보다는 각 사람이 가진 독특함을 더 중요하게 볼 수 있는 능력을 갖게 되었습니다.

다른 사람들의 약점이나 결점, 그리고 상처를 보는 것은 특별한 은혜를 필요로 하지 않습니다. 하지만 다른 사람들 속에 있는 형언할 수 없는 아름다움, 용기, 영혼을 보는 것은 특별한 은혜가 필요합니다. 특히 과거의 상처와 약점이 두드러져 보이는 사람들에게서 이런 것들을 보는 것은 더욱 특별한 은혜가 필요합니다.

하나님은 우리 중 많은 사람 속에서 놀라운 일을 행하셨고, 지금도 행하고 계십니다. 우리의 인생 여정에서 바로

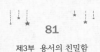

지금 이 특별한 단계에서 우리에게 순례의 동반자로 붙여 주신 각 사람에 대해 감사하면서, 그들 각자의 아름다움을 보고, 놀라고, 기뻐하는 것은 정말 중요합니다.

이제 우리는 완벽함을 요구하는 대신, 각 사람 안에 이미 자리 잡고 있는 내적 아름다움, 그리고 우리의 여정 속에서 사람들이 우리에게 축복해 준 선물을 볼 것입니다. 심지어 때때로 그 축복이 가혹한 방식으로 주어진다고 할지라도, 우리는 사람들의 말과 행동의 이면을 보기 시작할 것입니다.

우리는 서로의 내적 근원을 볼 것이고, 진정한 감사를 표현할 수 있게 될 것입니다. 우리 안에서는 우리 자신으로부터 그리고 서로를 향한 사랑이 넘치게 될 것이며, 그 결과 우리는 근본적으로 중대하고 깊이 있는 변화를 경험하게 될 것입니다.

위대한 사랑의 힘에 사로잡힌 삶

몇 가지 인간의 문제들
A Few Human Problems

우리는 인생의 대부분을 몇 가지 문제들과 씨름하며 살아갑니다.

이 문제들은 계속해서 다시 등장하고 또 등장합니다. 아마도 그것들은 결코 최후까지 사라지지 않을 것입니다. 그것들은 우리 각자의 개인적인 문제들이기도 하면서, 동시에 모든 사람의 보편적인 문제이기도 합니다.

성장하고 진화하는 인류는 반드시 이 개인적이면서 보편적 문제들에 대해 항상 신경을 써야 합니다. 아마도 우리 각자는 자신만의 문제 리스트를 만들 수도 있을 것입니다. 하지만 나는 아래와 같은 여섯 가지 반복되는 문제들을 발견했는데, 사실 이것들은 나에게도 여전히 떠나지 않는 문제들이기도 합니다.

외로움. 이것은 다른 사람들과 연합되거나 깊이 연결되지 못하고 단절되었다고 느껴지는 느낌입니다. 우리의 삶은 여러 좋은 관계들로 가득함에도 불구하고, 이상하게도 우리 안에는 항상 무엇인가 깊은 고통과 갈망, 향수병이 존재합니다.

죄와 죄책감. 이것은 만일 내가 하나님 나라를 구하는 삶에서 종종 너무 많이 벗어났던 삶이 아니라 계속해서 단순하게 하나님 나라를 구하는 삶을 추구했다면 내 삶이 어땠을까 하며 생각하는 것을 의미합니다. '만일 내가 어릴 적부터 그분을 따르라는 예수님의 명령에 온전하게 순종했다면 어떤 일이 일어났을까?' 나는 내가 오직 부분적으로만 그분에게 순종함으로 인해 다른 사람들이 겪은 고통을 생각할 때 괴로움을 느낍니다.

적절한 균형 유지. 이것은 일, 놀이, 휴식, 예배, 봉사, 공부, 관계성의 적절한 균형을 의미합니다. 이 모든 것은 우리의 삶에서 많은 긴급한 요구들을 만들어 냅니다. 그래서

위대한 사랑의 힘에 사로잡힌 삶

우리는 때때로 포기해 버리고, 불균형의 삶은 피할 수 없다고 말합니다. 심지어 그것은 어쩔 수 없는 일이고, 다만 가능한 한 은혜롭게 견딜 것이라고 우리는 말하곤 합니다. 하지만 우리는 만일 우리가 하는 모든 일 안에서 보다 큰 평화를 발견했다면 과연 우리의 모습이 어떠했을지 궁금해하지 않을 수 없습니다.

영적 열정의 관리. 이것은 흥분과 희망을 전염시키기에 충분할 만큼 뜨거우면서도 동시에 불필요하게 사람들을 태우지 않을 만큼 내적으로 차분한 상태를 의미합니다. 우리는 복음의 불로 다른 사람들을 흥분하게 만들 정도로 열정적입니까? 또한 우리는 우리에게 다가오는 사람들이 편안하게 느끼도록 환영하고 있습니까? 아니면 혹시 그들을 쫓아 돌려보내고 있지는 않을까요?

선택과 결정. 이것은 매 순간 어떤 것을 선택해야 할지 아는 것을 의미합니다. 내가 내린 결정은 내 삶의 방향뿐 아니라 공동체를 통해 나와 연결된 사람들의 삶도 바꿀 수 있습니다. 결정의 순간은 계속 오고 갑니다. 그리고 내가 결정을 내리거나 결정을 내리지 않은 선택은 무한한 영향을 미치고 있습니다.

죽음. 이것은 우리 어느 누구도 피할 수 없는 순간을 의미합니다. 무엇이 우리를 기다리고 있을까요? 죽음을 위한 적절한 준비는 무엇일까요? 우리는 정말 인생의 여정의 마지막 장엄한 순간을 위해 준비가 되어 있을까요?

지금까지 살펴본 이슈들은 내 삶에서 가장 중요한 몇 가지 이슈들입니다. 동시에 나로 하여금 계속해서 용서를 구하게 만드는 나의 개인적이지만 동시에 우리 모두의 보편적인 우려사항들입니다.

위대한 사랑의 힘에 사로잡힌 삶

우리의 자유를 용서하소서

Forgive us our freedom

　우리는 때때로 자신이 속한 수용적受容的 공동체에 대해 "우리는 가족 같기 때문에" 서로에게 불쾌하게 대해도 괜찮다고 생각합니다. 그리고 이렇게 말합니다. "이곳은 자유롭고, 나 자신 그대로가 될 수 있는 멋진 곳이다. 다른 사람들은 나의 모습 그대로 나를 받아주고 사랑해야 해!"

　하지만 당신이 누구에게 불쾌하게 대하는지를 신중하게 생각해 보아야 합니다. 어쩌면 당신은 강한 자아의식을 소유하고 있고, 그동안 당신의 사랑을 충분히 받았기 때문에 때때로 당신의 불쾌한 태도를 충분히 포용할 수 있는 사람에게 불쾌하게 대할 수도 있습니다. 하지만 보다 많은 경

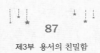

제3부 용서의 친밀함

우, 스스로의 문제로 힘겨워하느라 당신의 불쾌한 태도를 감당할 수 없는 사람에게 불쾌한 태도를 취하곤 합니다. 즉, 당신에게는 자유의 상징인 행동이 다른 사람을 힘들게 만들 수도 있습니다. 물론 어쩌면 이것이 별것 아닐 수도 있지만, 우리가 사랑하고 용서하는 법을 배우고자 할 때는 반드시 주의해야 할 것들입니다.

유념해야 할 점은 이런 것들은 일생 동안 훈련이 필요하다는 것입니다. 결코 1~2년 만에 해결되지 않습니다. 특히 우리 중 몇몇은 그동안 자유를 추구하는 방식에서부터 이제는 이런 태도가 뿌리내리도록 결정해야 할 것입니다. 어떤 대가를 지불하더라도, 우리는 남은 생애 동안 우리의 사랑의 역량이 확장되도록 하나님 앞에 우리 자신을 내어 드려야 할 것입니다. 그리고 어떠한 대가를 지불하더라도 우리는 반드시 이것을 해낼 것입니다.

위대한 사랑의 힘에 사로잡힌 삶

위대한 사랑

The Great Love

감싸 안아 주시는
사랑의 팔에 안길 때,
우리는 우리가 있어야 할 곳에 있음을
알게 됩니다.

오직 사랑
Only Love

그리스도의 몸이 되어 가는 싸움에서 우리가 가진 유일한 무기는 사랑입니다. 그 밖의 다른 무기는 오히려 문제를 일으킵니다.

우리에게는 요구하거나 통제하는 힘이 허용되어 있지 않습니다. 우리에게는 문제를 고치는 권한도 주어져 있지 않습니다. 폭력이나 미움도 허용되지 않습니다. 오직 사랑만 허용되어 있습니다.

우리는 사랑해야 합니다. 우리는 우리를 오해하거나 심지어 우리를 죽이는 사람까지도 사랑해야 합니다. 우리는 각 사람 안에, 심지어 원수 안에 있는 하나님의 가능성을

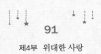

사랑해야 합니다. 즉, 우리는 각 사람 안에 잠재해 있는 초월적인 아름다움을 사랑해야 합니다.

오직 사랑하십시오. 사랑하고, 사랑하고, 사랑하십시오. 지독할 정도로 사랑하십시오. 우리는 이 땅에서 죽임당했던 어린 양의 사랑처럼 사랑해야 합니다.

당신과 나의 마음을 처음으로 부드럽게 만들었던 것은 사랑이었습니다. 사랑은 우리를 갈등에서 빠져나오도록 이끌어 갑니다. 오직 사랑만이 우리 모두에게 방어하는 마음을 내려놓고, 사랑을 기초로 세워진 거룩한 도시, 새 하늘과 새 땅을 향한 우주적인 움직임을 향해 우리의 마음이 열리도록 하는 힘을 갖고 있습니다.

위대한 사랑의 힘에 사로잡힌 삶

우리의 가장 깊은 본질
Our Deepest Essence

우리 각자의 가장 깊은 본질은 사랑입니다. 우리는 본래 하나님의 이미지로 만들어졌기에 만일 하나님이 사랑이시라면, 나는 사랑입니다. 그리고 당신도 사랑입니다. 모든 피조물은 사랑입니다.

만일 내가 이것을 믿는다면, 나는 사랑의 내적 계시를 신뢰하게 될 것입니다. 나는 모든 사람을 사랑으로 대할 것입니다. 사람들 깊은 곳에 계신 하나님을 인식하면서 나는 그들 안에 있는 신비함을 보게 될 것이고, 그들을 존중하게 될 것입니다.

궁극적으로 우리는 모든 것을 존중하거나 아니면 아무

것도 존중하지 않게 될 것입니다.

하나님은 늘 우리 안에 계시기 때문에 우리는 다른 사람들과 함께 존재하는 것입니다. 만일 나의 사랑과 하나님의 사랑이 다른 사람 안에 있는 깊은 내면에 접촉하지 못한다면, 나는 다른 사람 안에 있는 악한 것을 취하거나 흡수하게 됩니다. 물론 이는 자기 스스로를 소외시키고, 사람들 안에 있는 하나님으로부터 나 자신을 잘라내는 것보다는 훨씬 낫습니다.

소외는 분명 죽음입니다. 다른 사람에게 입은 상처는 오히려 그것이 우리를 사랑이신 하나님 안으로 더욱 깊이 이끌어 주기 때문에 선물로 변합니다.

위대한 사랑의 힘에 사로잡힌 삶

항복
Surrender

항복은 의식적인 패배와 고통의 지점에 도달해 도움을 구하는 것입니다.

항복이란 주어진 그의 도움을 받아들이는 것입니다. 내가 원하는 도움을 선택하는 것도 아니고, 찾아오는 도움을 변경시키려고 시도하지도 않는 것입니다.

내 안에는 아직 활성화되지 않은 새로움의 가능성들이 있습니다. 생명이 나에게 주고자 하는 위대한 사랑을 나는 환영합니다.

나는 그것이 어떻게 주어지고, 나를 어디로 이끌든지 간에, 내 안의 나를 통해서 흐르는 궁극적인 창조의 힘 앞에

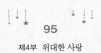

항복합니다. 나는 더 이상 특정한 형태의 안전이나 지혜, 힘이나 소유를 요구하지 않습니다.

나는 깨어질 수 있는 완전한 취약함 안에서 완전한 신뢰를 갖고, 나 자신을 지금 이 순간에 항복시킵니다. 무엇이 주어지고, 무엇이 오든 간에 말입니다.

위대한 사랑의 힘에 사로잡힌 삶

있는 그대로 사랑하기
Love to as it is

예수님은 사랑이 우리의 일이 되어야 하고, 우리가 사랑의 존재가 되어 사랑해야만 한다는 것을 명확히 하셨습니다. 그것을 다음과 같이 요약하셨습니다. "내가 너희를 사랑한 것 같이 너희도 서로 사랑하라." 사랑의 존재가 되는 것에 실패하는 것은 인생을 실패하는 것입니다. 그것은 곧 참사람이 되는 것에 실패하는 것을 의미합니다.

우리의 경험이 얼마나 다양하고 풍부하든지 간에, 우리가 얼마나 존경받든지 간에, 또한 우리가 얼마나 위대한 일을 성취했든지 간에, 만일 우리가 사랑의 존재가 되지 않는다면, 우리는 삶에서 중요한 것들을 놓치게 될 것입니다. 이는 죽음에 이르러 결국 우리가 들어가게 될 사랑의 나라에 들어가기 위한 준비를 하지 못한 것입니다.

나는 나와 같은 사역자들의 가장 큰 실패 중의 하나는 사람들에게 사랑하라고 강조하고, 세상에 사랑이 없음을 분개하지만, 정작 우리 자신은 사랑의 존재가 되지 못한 것이라고 생각합니다. 우리는 사랑의 예술을 갖고 우리 자신의 영혼을 가르치는 방법을 알지 못했던 것입니다.

예수님께서 "고든, 너는 나를 사랑하니?"라고 말씀하신 것을 들었다고 가정해 보겠습니다. 어떻게 이 질문에 대한 일상적인 대답을 멈출 수 있을까요? 나의 내면의 변화를 가져올 수 있는 구체적인 실천은 무엇일까요? 정말 사랑은 나에게 가장 중요한 일이고, 나의 가장 중심적인 활동이고, 나의 핵심적인 존재가치일까요?

나는 예수님께서 다음과 같이 말씀하실 거라고 생각합니다. "만일 네가 너희를 사랑한 것 같이 너희가 서로 사랑하기를 바란다면, 내가 너희를 바라본 것 같이 너희도 서로를 바라보라. 나는 너희를 거룩한 존재로 바라본다. 너는 어떤 귀한 것보다도 더 귀한 존재이다. 내가 이렇게 너를 바라보는 방식을 받아들여라. 그리고 내가 너를 바라보는

위대한 사랑의 힘에 사로잡힌 삶

것처럼 네가 만나는 모든 사람을 바라보라. 네 자신과 다른 사람들을 존경하는 마음으로 바라보는 것을 배우라."

우리 각자의 내면에는 우리가 붙잡을 수 있는 것보다 훨씬 더 많은 것이 있습니다. 나에게 잔소리하는 사람들 안에서, 내가 편안하게 느끼는 거리 이상을 접근하는 사람들 안에서, 그리고 나를 압박하는 사람들 안에서 그것을 볼 준비가 되어 있습니까? 심지어 나를 괴롭게 하는 사람들 안에서도 그 거룩한 현존을 즐길 수 있습니까?

사랑은 어떤 사람에 대해 어떤 것도 고치거나, 해결하려고 시도하지 않습니다.

사랑은 행위가 아니라 존재입니다.

사랑은 단지 하나님의 거룩한 피조물을 향해 나를 여는 것입니다.

오직 있는 모습 그대로를 사랑하십시오.

증대된 사랑
Intensified love

하나님은 우리 안에 들어오셔서 증대된 사랑의 선물과 즐거움을 주기를 원하십니다.

하지만 중요한 조건이 한 가지 있습니다. 그것은 바로 자발적이면서 완전한 내적 동의입니다. 자발적인 내적인 동의 없이는 그 선물과 즐거움이 들어올 수 없습니다.

어떤 강압, 압력, 심지어 압도적인 증거도 하나님을 들어 오시도록 할 수는 없습니다. 하나님은 사람들 개개인의 신성함과 개별화된 자아를 무한히 존중해 주십니다. 하나님은 우리 마음의 문을 두드리시고 기다리십니다. 이처럼 하나님은 우리 안에 들어오기를 원하시지만, 그렇다고 강압적으로 들어오시지는 않습니다. 하나님은 인내심이 강하기 때문에 영원히 기다리실 것입니다.

심지어 충분한 사랑을 받아 온 사람조차도 누군가가 우리를 그렇게 큰 사랑으로 사랑한다는 것을 쉽게 믿지 못합니다. 우리는 이미 사랑받지 못할 것이라는 생각에 익숙해져 있기 때문에 제한적인 사랑만을 기대합니다. 하지만 하나님은 언제나 기꺼이 우리를 향한 사랑의 위험을 감수하는 분이십니다.

만일 우리가 믿음(우리가 하나님의 사랑을 확신할 수 없을 때에도 우리 자신을 그 사랑 앞에 내어 맡기는 것)을 통해 은혜(하나님께서 우리의 가장 깊은 존재 속으로 뚫고 들어오는 것)에 의해 구원받았다면, 우리는 하나님이 확증해 주시는 사랑 안에서 안식할 수 있습니다. 우리는 단지 하나님 안에서 쉬는 것입니다. 우리는 하나님으로 채워지는 것입니다.

오직 하나님만이 우리의 갈망이 되고, 우리를 사로잡습니다. 하나님은 모든 것의 모든 것이 되십니다. 이 사랑으로부터 분리되는 것은 곧 사망입니다.

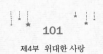

제4부 위대한 사랑

우리를 사랑하시도록 내어드림
Letting God love us

    하나님이 사랑을 주도하시고, 우리는 단순히 사랑 안에서 응답합니다. 우리가 하나님을 사랑하는 것은 이미 우리에게 주어진 하나님의 사랑을 반사하기 때문입니다. 우리는 오직 하나님이 우리를 사랑하시도록 내어드릴 때만 우리 안에 내주하고 계신 하나님을 사랑하는 적극적인 행동을 취할 수 있습니다. 오직 그때에만, 하나님이 우리 안에서 난생처음으로 책임감 있는 인간으로서 온전히 사시는 삶을 만들 수 있습니다.

    우리가 이런 방식으로 사랑할 때까지는 우리는 진정한 인간이 아닙니다. 우리는 사랑으로부터 온 자유를 알기 전까지는 온전히 살아 있는 존재가 아닙니다.

우리가 아주 힘겹게 하나님을 사랑하는 것보다 하나님이 우리를 사랑하시도록 내어드리는 편이 최고의 사랑을 향해 우리를 자유롭게 하는 것입니다. 하나님이 나를 사랑하시도록 내어드리는 것이 나로 하여금 그분을 사랑하게 하는 길입니다. 하나님이 우리를 사랑하시도록 내어드리는 것이 희생적 섬김, 용서, 나눔, 공감, 넘어진 자를 세움, 그리고 공동체의 친밀성을 회복케 하는 방향으로 우리를 이끌어 줍니다.

우리가 이것을 소유하는 데 왜 그렇게 오랜 시간이 걸리는지 잘 모르겠습니다. 복음은 우리가 사랑하려고 더 많이 노력하는 것만으로는 결코 사랑할 수 없다는 사실을 명확하게 말해 주고 있습니다. 우리는 하나님의 사랑의 선물을 듬뿍 받았기 때문에, 그리고 하나님이 우리를 사랑하시도록 내어드림을 통해 경험한 순전한 기쁨 안에서 쉼을 통해서만 진정으로 사랑할 수 있게 되는 것입니다.

사랑의 힘
Love Power

대부분의 공동체에서 진정한 사랑을 경험하는 사람이 드뭅니다. 우리 중에는 조건 없는 사랑을 경험한 사람이 거의 없기 때문에, 우리는 비관계적인 힘이나 한 방향에서 통제되는 일방적인 힘을 관계에 사용하는 데 익숙합니다. 이런 종류의 힘은 나름대로 자신을 발전시키고 보호하는 것을 추구합니다. 그것은 결과물을 통제하고, 결과를 도출하고, 우리 자신과 서로를 고치는 것을 추구합니다.

그러나 사랑의 힘은 다릅니다.

사랑의 힘은 당신의 내적 존재가 다른 사람을 향해 흘러가도록 허용하고, 다른 사람의 내적 존재가 당신 안으로

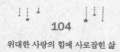

위대한 사랑의 힘에 사로잡힌 삶

흘러들어오는 것을 환영할 때 생겨납니다. 사랑의 힘은 다른 사람에 의해 당신이 형성되고 변화되도록 허용하는 것입니다. 사랑의 힘은 개방적이고, 깨어질 수 있는 취약성에 노출되고, 방어하지 않고, 새로운 것이 나타나는 것을 허용하고, 다음번 일이 무엇인지 결코 미리 알지 못하는 것입니다.

진실한 관계에서 나오는 사랑의 힘은 우리를 변화시킵니다. 하나님은 우리의 가장 깊은 존재로 흘러들어오고, 우리는 하나님의 깊은 존재로 흘러들어갑니다. 거기에는 명확한 경계가 없습니다. 우리는 그 흐름에 의해, 그리고 하나님이 행하시는 새로운 것에 의해 변화되는 것입니다.

사랑은 어떤 결과가 나타날지 변화의 결과를 통제하는 것이 아니라, 오히려 다른 사람에 의해 변화되기를 기꺼이 원하는 것입니다. 사랑은 우리 자신을 다른 사람의 내적 존재로 가져감으로써 우리의 내적 존재가 확장되고 강화될 것을 신뢰하는 것입니다.

사랑은 위대한 사람이 되기 위해서 강하고 매력적인 행동을 하는 것이 아닙니다. 반대로 다른 사람을 우리의 가슴과 상상 속에 들어오도록 허용하고, 그들에 의해 확장되고 확대되는 것입니다. 사랑 안에서 나는 당신을 내 속으로 이끌지만, 그렇다고 해서 나 자신을 잃어버리는 것이 아니라 오히려 무한히 풍요로워지는 것입니다.

우리가 이런 식으로 서로에게 흘러들어갈 때, 우리가 함께 어디에 이르게 될지는 그 누구도 알지 못합니다. 바로 이것이 이 모든 과정의 가장 흥분되는 점입니다. 초대교회 당시 교회 밖에 있던 사람들이 교회 안의 성도들을 바라볼 때 가장 인상적이었던 점은 바로 초대교회 성도들의 깊이 있고 수준 높은 사랑의 모습이었습니다.

바로 이러한 사랑이 항상 우리의 가장 중심적인 신앙의 증거가 됩니다. 그것은 바로 하나님이 사랑이기 때문에, 하나님 안에 거하는 것은 사랑이 되는 것을 의미합니다.

위대한 사랑의 힘에 사로잡힌 삶

집으로 돌아가기
Come Home

하나님은 시대를 초월해 우리를 부르십니다.

나는 너를 사랑한다.

나는 너와 함께 있고 싶다.

나는 네가 나와 함께 있기 원한다.

나는 우리가 완전히 서로에게 속하게 될 때까지

결코 안식할 수 없다.

너는 나의 사랑받는 존재이다.

나는 이 세상의 기초가 세워지기 전부터

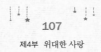

너를 사랑했다.
나는 네가 내 안에서 온전히 안식할 때까지
외로울 것이다.
나는 지금 집으로 돌아오라고
너를 부르고 있다.

우리 모두는 어떤 형태로든 집을 떠나 있습니다. 우리 중 누가 우리의 마음은 지속적으로 집에서 안식하고 있다고 말할 수 있겠습니까?

누가 감히 우리의 삶은 우리를 사랑하시는 하나님과 함께 집에 있기 때문에 매 순간마다 평화, 사랑, 기쁨으로 가득하다고 말할 수 있겠습니까? 누가 감히 우리는 내적으로 하나님 안에서 안식하고 있고, 오직 그 사랑을 통해 실현될 새로운 날을 기대하고 있다고 말할 수 있겠습니까?

아마도 거의 없을 것입니다. 왜냐하면 우리는 집을 떠나 있기 때문입니다. 그리고 우리는 지금 다시, 여전히, 우리가 떠났던 사랑의 집으로 돌아오라는 부름을 받고 있습니다. 우리가 지금 배회하고 있는 이 먼 타국을 떠나 다시 집으로 돌아가는 여행에 성공하기 위해서는 결코 찾을 수 없

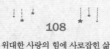

는 곳에서 무조건적 사랑을 찾는 것을 멈춰야 합니다.

　결코 우리는 우리가 줄 수 없는 것 때문에 우리 자신과 다른 사람을 비난하는 것을 멈춰야 합니다. 그것은 무한한 자비의 존재의 발 앞에 항복하는 것뿐입니다.

　감싸 안아 주시는 이 사랑의 팔에 안길 때, 우리는 우리가 있어야 할 곳에 있음을 알게 될 것입니다. 지금 이 순간, 완전한 편안함 속에서, 아무것도 바라지 않으며, 우리는 우리의 목적지에 도착합니다.

　여기서 우리는 안전합니다. 여기가 우리의 집입니다.

우리가 존재하는 이유
The Resaon Why We Exist

이 땅에 있는 공동체는 그 어떤 것도 결코 완벽하지 않습니다. 완벽한 공동체는 이후에 우리가 생명이라고 부르는 임시적인 기간이 끝나고, 영광의 소망이 완성되는 때에 올 것입니다. 그러므로 지금은 완벽한 공동체를 기대할 수 없습니다.

그러나 심지어 지금 여기에서도 누군가 우리를 있는 모습 그대로 사랑하기로 선택한다는 것은 정말 놀라운 일입니다. 누군가가 우리를 사랑하고, 우리가 우리와 다른 사람들과 서로 화해하기를 원한다니 이 얼마나 놀라운 일입니까? 도대체 왜 누군가가 나를 있는 모습 그대로 사랑하기

위대한 사랑의 힘에 사로잡힌 삶

를 원하겠습니까? 도대체 왜 누군가가 당신의 모습 그대로 당신을 사랑하겠습니까?

　내가 이해할 수 있는 유일한 것은 성령께서 여기, 우리 가운데에 정말로 함께 계신다는 것입니다. 우리는 심지어 우리가 사랑받을 만하지 않을 때에도 그리스도의 영이 사랑하는 법을 가르쳐 주시도록 내어드려야 합니다. 이것은 우리로 하여금 그 깊이를 헤아릴 수 없는 하나님의 깊은 사랑 속으로 계속 들어가도록 하고, 또 그 사랑의 경험을 다른 사람들과 나누도록 합니다.

제5부

고통과 연민

Suffering and Compassion

가난한 자들을 향한 열정은
예수님이 가지셨던
여러 가지 관심 중의 하나가 아닙니다.
그것은 그의 존재의 중심이었습니다.

압박 아래의 삶
Living under pressure

지금은 압박 아래의 삶을 사는 시대입니다.

사람들은 모든 것을 알고, 모든 것을 하고자 노력하고 있습니다. 우리는 세상에서 일어나고 있는 모든 일과 접촉하려고 애쓰고 있습니다. 우리는 거대한 잣대로 모든 것을 돌보고자 합니다. 또한 우리는 우주적인 규모로 서로의 삶을 비참하게 만들 수 있는 도구와 능력을 갖고 있습니다.

우리는 격동 속에 살고 있습니다.

전 세계의 불안 수준은 거의 공황에 가깝고, 때로는 공황상태를 넘어서고 있습니다. 사람들은 내적 공황상태에서 눈을 감은 채로 움직이고 있습니다. 내면 깊은 곳에서

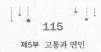

우리는 지금 세계가 러시안룰렛 게임을 벌이고 있다는 것을 알고 있습니다. 어쩌면 다음번 차례에 정말로 총알이 발사되어 죽을지도 모릅니다. 우리는 두려움을 완화시키려고 노력하고 있지만, 어떤 약도 듣지 않고 있습니다.

게다가 우리 중 많은 이는 가난과 학대, 정신장애, 노숙과 같은 압제당한 자의 고통을 받고 있습니다. 애굽의 '바로Pharaoh'처럼 지배 의식dominant consciousness에 대해 민감하거나 혹은 용감히 저항하기 시작하면 압제는 더욱 증가합니다.

생존비용이 극히 높아져서 우리 중 몇몇은 그 비용을 지불할 수 없는 상태에 이르렀습니다. 우리 중 몇몇은 수면장애 또는 여러 가지 심리적 증상을 겪고 있습니다. 우리는 몹시 지쳐 거의 탈진 상태에 이르렀지만, 끝까지 갈 수밖에 없습니다. 그래서 우리의 삶에는 계속해서 '해야 할' 의무가 많이 있습니다.

우리를 위협하는 이러한 압박들을 경감시킬 수 있을까요? 우리는 '함께하면서' 우리를 압도하려고 위협하는 사건과 사람들에게서 '벗어날 수' 있을까요? 과연 세상의 고통과 접촉하면서도 분리될 수 있는 방법이 있을까요?

위대한 사랑의 힘에 사로잡힌 삶

길르앗의 향유balm in Gilead는 있는 것일까요? 고통의 한 복판에서의 내적 평화는 정말 가능할까요?

다른 사람의 고통 알기
Knowing another's pain

연민은 다른 사람의 고통과 아픔을 아는 것입니다.

중요한 것은 다른 사람의 고통과 아픔에 대해 지식적으로만 아는 것이 아니라, 실제로 그들의 고통을 내 영혼으로 아는 것입니다. 즉, 그들의 고통 속으로 들어가고, 고통을 듣고, 고통을 맛보고, 고통이 내 속에 들어오도록 하는 것입니다.

우리는 우리의 감정과의 접촉에 대해서 말합니다. 그리고 그것은 우리의 자유의 중심입니다. 이것을 보완하는 단계가 다른 사람의 감정과 접촉하는 것입니다. 그런데 이를 위해서는 다른 사람의 삶의 준거틀frame of reference, 즉 그

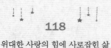

위대한 사랑의 힘에 사로잡힌 삶

들이 인식하는 방식 안으로 들어가야 합니다.

다른 사람들이 보는 방식은 틀리고, 왜곡되어 보일 수 있습니다. 하지만 그것은 그들이 경험하는 삶의 체험입니다. 따라서 다른 사람의 시각으로 바라보고, 그들의 내면세계로 들어가서 그들과 함께 느끼기 위해서는 상상력이 필요합니다.

누군가가 우리의 고통을 이해하고 느낀다는 것을 아는 것은, 비록 그들이 그 이상 아무것도 해 주지 못할지라도 우리의 고통을 경감시켜 주는 역할을 합니다. 또한 우리가 느끼는 고통을 누군가가 우리와 함께 느끼고 있다는 것을 알게 되면 고통의 본질을 변화시키고, 보다 잘 견뎌 나갈 수 있습니다.

다른 사람의 고통에 대한 연민은 항상 개별적으로, 개인적으로 시작됩니다. 하지만 우리는 우리의 연민을 제도화할 필요가 있습니다. 우리는 사회제도가 공감을 얻고자 하는 우리의 열망을 지원해 줄 것을 기대해야 합니다.

우리는 반드시 개인적 돌봄을 뛰어넘어 무관심과 자기중심의 문화와 싸울 수 있는 조직적인 구조를 창조하는 방향으로 나아가야 합니다. 물론 개별적, 개인적으로 공감을 표현하는 것은 꼭 필요합니다. 마찬가지로 모두를 위한 공감의 사회적 구조를 만드는 것도 반드시 필요합니다.

우리는 할 수 있습니다. 우리는 개척 정신을 갖고 기술과 창조적 방법을 사용해 세상의 고통이 증가하는 것을 저지할 수 있습니다. 우리는 아직까지 가난한 자들에게 혜택을 주기 위해서 우리가 동원할 수 있는 모든 자원을 활용하지 않았습니다. 또 한편으로는 가난한 자들을 돌아보라는 하나님의 명령을 나에게 주어진 중대하고도 진지한 명령으로 바라보지 않았습니다.

하나님은 세상의 고통 속에서 함께 아파하고 계십니다. 우리는 모든 생명을 사랑하시고, 그를 따르는 순례자들을 통해서 이 세상의 고통을 덜어 내기를 갈망하시는 하나님을 예배함으로써 삶을 기쁨으로 누리고 소망하는 법을 배워야 합니다.

위대한 사랑의 힘에 사로잡힌 삶

깊은 실재
Deep Realism

    예수님은 우리가 어둠의 세계, 무질서, 폭력 등과 같은 세속적 지배의식dominant consciousness을 사랑하고 섬기면서 동시에 빛과 질서, 사랑의 세계에 속할 수 없다고 말씀하셨습니다. 쉽게 말해, 우리가 만일 자신의 생명 자체를 내려놓는 데까지 자신을 내어준다면, 결코 남을 지배하거나 통제할 수 없다는 것입니다.

    하지만 설사 우리의 항복이 진실한 것이라 해도 우리 안에는 세속적 지배의식이 남아 있습니다. 그러나 우리의 연민 의식이 높아져 압제당하는 자들의 가난과 절망을 공감하고, 그들과 연결될 수 있을 때 비로소 우리는 이 세상의 잔인함과 폭력성에 대해 더욱 깊이 인식할 수 있게 됩니다.

우리는 "하나님은 정말 우리가 생각하는 만큼 우리를 사랑하시는가? 그리고 정말로 하나님은 궁극적인 힘을 갖고 계시는가?"라고 의문을 던집니다.

예수님은 보다 깊은 실재를 알고 계셨습니다. 악마와 아주 가까이 대면하셨습니다. 그분은 밀과 가라지가 함께 자라는 것, 그리고 모든 선한 표현 속에도 악이 존재함을 알고 계셨습니다. 예수님은 우리 주변의 악으로부터 우리 자신을 보호하라고 경고하셨습니다.

우리는 최악의 가능성에 직면해야 합니다. 최악은 실제로 발생할 수 있습니다. 연민의 마음 한가운데에서도 악은 언제든지 발견될 수 있습니다. 하지만 그럴지라도 그것이 당신을 향한 하나님의 사랑을 절대로 무효화할 수는 없습니다.

위대한 사랑의 힘에 사로잡힌 삶

수많은 필요와 나눔
So Much Need and Give

   예수님의 참된 제자라면 언제나 매우 파괴적인 필요와 다급한 요청에 직면하게 될 것입니다. 때로 그것은 음식에 대한 필요일 것이고, 때로는 의복에 대한 필요일 것이며, 또 때로는 감정적인 지원에 대한 필요일 것입니다. 나를 놀라게 하는 것은 우리 중 어떤 이들은 이러한 많은 필요로 인해 매우 놀란다는 것입니다. 사람들의 그러한 놀람이 나를 놀라게 만듭니다.

   사람들이 이렇게 말하는 것을 종종 듣곤 합니다. "한 교회 안에 이렇게 많은 요구가 있을 줄이야." 하지만 항상 도움을 필요로 하는 사람들로 둘러싸여 있는 것이 교회의 특징입니다. 만일 교회가 고민하지 않고, 가슴 아픈 필요들로 둘러싸여 있지 않고, 가난하고 아파서 필요를 구하는 작은 형제에게 다가서지 않고 있다면, 그것은 우리가 교회의 주인이신 예수님께 신실하지 않다는 증거입니다.

예수님에 대한 최고의 찬사는 역설적으로 의도적인 중상모략이었습니다. 예수님은 세리와 죄인들의 친구로 불렸습니다. 그들의 친구로 말입니다. 따라서 우리를 둘러싼 무리들을 먹이기 전에, 우리는 먼저 그들이 우리의 친구인지에 대해 질문해야 합니다. 그들을 사랑하고 있습니까? 그들을 볼 때 마음의 고통을 느낍니까? 그들을 보면서 마음이 못 견디게 아픈가요?

우리에게 필요한 것은 우리가 아직 소유하지 못한 빛나고 성숙한 인격도 아니고, 모든 필요를 채우는 능력도 아닙니다. 단지 우리가 가진 것 중 일부를 나누는 것입니다. 예수님은 우리에게 우리가 지금 갖고 있는 것들을 제공하고, 우리가 지금 있는 곳에서 시작하라고 요청하십니다.

모든 피조물은
자유케 되기를 갈망합니다
All Creation Longs to be Freed

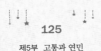

하나님으로부터의 가장 깊은 소외는 아마도 피조세계로부터 소외될 때일 것입니다. 이상하게도 우리 대다수는 얼마나 철저하게 창조세계로부터 단절되어 있는지 알지 못합니다. 하나님이 우리에게 주신 이 놀라운 창조 질서에 대해 우리가 얼마나 많은 폭력을 저질렀는지 모르겠습니다.

성경은 사람들이 고통당하는 것처럼 모든 피조물이 우리의 압제 때문에 고통당하고 있다고 말합니다. 우리는 정말로 이런 피조물의 탄식 소리를 듣고 있습니까? 즉, 사람들뿐 아니라 모든 피조물이 신음하고 고통당하고 있다는 것입니다.

그래서 모든 창조세계는 자유롭고, 치유되기를 갈망하고 있습니다.

자연환경의 파괴는 우리가 '현대병'이라고 부르는 질병들과 관련이 있습니다.

우리 각자는 우리의 육체 안에 생태계 위기의 고통을 지니고 있는 것입니다.

위대한 사랑의 힘에 사로잡힌 삶

가난한 자들을 향한 예수님의 열정
Jesus' Passion for the Poor

우리는 각자의 생각과 필요에 따라 예수님의 모습을 해석하곤 합니다. 하지만 이 땅에 계셨을 동안 가난한 자들을 향한 열정을 가지고 사셨던 예수님 외에 다른 예수님은 없습니다.

가난한 자들을 향한 열정은 단지 예수님이 가지셨던 여러 가지 관심 중의 하나가 아닙니다. 그것은 그의 존재의 중심이었습니다.

우리는 예수님이 하나님의 본성과 그 존재 자신이 우리의 역사적 시간과 공간 속으로 성육신하신 분이라고 말합니다. 따라서 예수님은 단지 가난한 자들 곁에 함께 있기 좋아하는 특별한 연민을 가진 어떤 한 사람이 아니라, 바로 성육신하신 하나님이셨습니다. 그리고 그 하나님의 본성은 항상 가난한 자들의 편이셨다는 것입니다.

우리는 기도를 통해 그분께로 열려 있기를 추구하면서 하나님을 향한 마음의 문을 엽니다. 예수님과 성령은 우리 안에 흘러들어와 마시고, 먹고, 거하십니다. 우리는 우리 내면을 비우고 내어드림으로써 하나님 자신이 우리 안에 흘러들어오시도록 해야 합니다.

따라서 중요한 질문은 "우리가 어떤 하나님을 우리 안으로 초청하는가?" 하는 것입니다.

우리는 오직 한 하나님, 즉 가난한 자들과 이 세상의 구조악의 희생자들 편에 서서 연민하시는 하나님을 초청하는 것입니다. 바로 이분이 '나는 스스로 있는 자'이십니다. 이 우주에 다른 하나님은 없습니다.

위대한 사랑의 힘에 사로잡힌 삶

위대한 연민
The Great Compassion

　우리가 예수님 안에서 인식하는 연민은 마치 예수님이
이렇게 말씀하시는 것을 듣는 것과 같습니다.

　　하나님은 너희 내면을 감싸주신다.

　　우리의 내적 존재는 하나님의 내면적 존재의 일부분이다.

　　우리는 너를 우리 마음에 지니고 있다.

　　우리는 너와 함께 느끼고, 너와 함께 고통당한다.

　　너의 외로움, 너의 공허함,

　　너의 실패감, 너의 깨어짐과 절망감,

　　너의 내적 손상과 상처,

너의 비전과 갈망,

네가 갖고 있는 갚을 수 없는 빚,

네 인생이 바랐던 대로 되지 않음에서 오는 분노

너의 모든 내적 존재가 우리의 존재 안에 함께 있다.

모든 것이 여기 있다. 우리 안에서 치유 받을 수 있다.

우리 안에서 너는 쉴 수 있다. 너는 안전하다.

나를 신뢰하라.

위대한 사랑의 힘에 사로잡힌 삶

사랑은 몸을 구부려
섬길 줄 아는 것입니다
Love knows how to stoop

하나님의 백성인 우리조차도 사랑하기보다는 사람들을 내 뜻대로 움켜쥐려고 한다는 것은 정말로 이상한 일이 아닐 수 없습니다.

사랑은 세숫대야와 수건을 들 줄 알고, 제자들의 필요를 채우기 위해 몸을 구부릴 줄 알고, 세상의 필요를 채울 줄 아는 것입니다. 사람들은 세숫대야와 수건을 드는 것에 익숙해지는 것을 배우기 전까지는 그리스도의 교회에서도 익숙하지 못할 것입니다.

우리가 지금 일종의 유연성flexibility을 지녀야 함을 요청하는 것입니다. 그래서 어떤 필요가 드러날 때 우리가 상

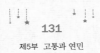

상 속에서 그 필요를 바라보고, 마치 물고기가 미끼를 보고 뛰어오르는 것처럼, 우리가 섬기기를 열망하며 그 필요를 채우기 위해 뛰어오르기를 기대합니다.

　우리가 매일 낮, 매일 밤 계속해서 이런 일을 행하기 전까지는 우리는 아직 서로에게 온전히 속한 것이 아닙니다. 왜냐하면 서로에게 속함이란 세숫대야와 수건을 들고 섬기는 법을 아는 것을 의미하기 때문입니다.

위대한 사랑의 힘에 사로잡힌 삶

진정한 실재

The Really Real

나는 나 자신을 마음껏 희생하고 싶습니다.
왜냐하면 바로 이때가 내가 살아 있고,
나 자신으로 느껴지기 때문입니다.

심층적 삶을 기억하라
Remember the Deeps

우리는 의식적으로 되기 위해 많은 비용을 치르고 있습니다. 하지만 무의식을 위한 대가는 훨씬 더 비싸다고 할 수 있습니다.

외형적 혹은 표층적 수준의 현실이 있습니다. 그리고 보다 깊은 내면의 수준이라 할 수 있는 심층적 수준도 있습니다. 이것은 완전한 평화와 경이로움, 놀라움의 수준입니다. 이러한 심층적 수준은 언젠가 나중이 아니라 지금 바로 만질 수 있습니다. 표층수준은 사건, 환경, 문제, 걱정 등으로 소용돌이칩니다. 또한 표층수준의 과제들은 불가능하고 압도적인 것처럼 보입니다.

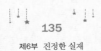

제6부 진정한 실재

그러나 심층수준에서는 뭔가 다른 일들이 일어납니다.

심층수준에서는 부활의 몸이 형성되고 있습니다. 또한 심층수준에서는 혼돈이나 복잡함이 없습니다. 심층수준에는 오직 현재만 있고, 여기서 우리가 해야 할 일은 보고 즐거워하는 것뿐입니다.

표층적 삶은 항상 우리와 함께 있고, 심층적인 삶 또한 그러합니다. 우리가 이 심층적 수준에 우리의 삶의 가치를 심음으로써 우리는 표층적 수준에서 소용돌이치는 사건으로부터 떨어져서 안식할 수 있습니다.

중요한 사실은 우리의 삶의 표층에서 일어나는 복잡한 아우성을 향해 우리의 에너지를 쏟는 것이 아니라, 그것을 심층적 삶에 집중하는 것입니다. 이러한 방식으로 우리는 그 어떤 것도 알 필요도 없고, 행할 필요도 없으며, 처리할 필요도 없는 초월성transcendence에 뿌리를 내리는 데 이르게 됩니다.

심층적 삶에서는 어떤 최소한의 위로도, 어떤 다른 사람으로부터의 지원도 필요로 하지 않습니다. 우리는 단지 무한한 은혜의 세계로 들어가는 것입니다. 심층적 삶을 기억하는 과정에서 모든 표층적 삶에서의 방해들은 잊히게 됩니다.

위대한 사랑의 힘에 사로잡힌 삶

진짜 세계
The Real World

  우리가 스스로 선택하지는 않았지만, 우리는 특정한 역사적 시간과 그에 현존하는 문화 속에서 태어났습니다. 그리고 우리는 이 문화의 특성을 소유하게 되었습니다. 우리는 이 문화의 규칙과 이해에 기초하여 살아왔고, 이 문화는 우리의 내면으로 스며들었습니다. 이 모든 것은 정말로 자연스럽고 진짜처럼 보입니다. 우리 대부분은 이 세상이 전혀 진짜가 아니라고 말해 주는 사람을 단 한 명도 만나지 못했습니다. 그러나 이 세상은 거짓된 세상입니다.

  종종 우리가 데이스프링Dayspring에서의 수련회를 마칠 때, "이것은 정말 대단합니다. 나는 진짜 세상으로 돌아가게 되길 희망합니다"라는 말을 하는 사람들이 있습니다. 하지만 여기서의 '진짜 세상'은 우리가 수련회를 마치고 돌아가는 그 세상을 말하는 것이 아닙니다. 우리는 뒤틀리고 가식에 사로잡힌 문화가 있는 '거짓 세상'으로 되돌아가는 것입니다. '진짜 세상'은 바로 지금 우리가 거하고 있는 곳, 즉 우리가 마음을 열고 하나님 안에서 안식하기로 내적으로 동의한 바로 이곳입니다.

지배문화가 있는 우리의 일상으로 돌아가는 것은 거짓의 세상으로 돌아가는 것입니다. 결코 진짜가 아닙니다.

그런데 이런 거짓된 세상은 장차 잊힐 날이 다가오고 있습니다. 그때에는 진짜만 남게 될 것입니다. 그러므로 실수하지 마십시오. 우리가 진짜 세상이라고 불렀던 것은 전혀진짜가 아닙니다. 그것은 얄팍하기 그지없는 것입니다.

그것을 비웃고, 그것을 위해 울고, 그것을 위해 기도하고, 모든 기회를 사용해 그것을 폭로하고, 그것을 구원하기위해 힘쓰기 바랍니다. 하지만 절대로 그것이 '진짜'라고생각하는 치명적인 실수를 해서는 안 됩니다.

위대한 사랑의 힘에 사로잡힌 삶

만일 우리가 진실로 믿는다면?
What if We Truly Believed?

들에 백합화를 보라.

하나님의 무한한 관대하심에 안식하라.

당신은 보살핌을 받을 것이다.

당신은 안전하다.

하나님은 친절하시다.

만나가 내려질 것이다.

만일 우리가 이러한 약속을 믿는다면 그것은 우리에게
어떤 의미일까요? 만약 우리가 이 세상 위의 보이지 않는 세상, 즉 '진정한 참세상'과 친밀하게 연결되는 것에 대한 감각을 깊게 할 수 있다면 어떨까요?

우리가 그런 연결성을 만들 때, 즉 우리가 격려 받고, 보살핌 받고, 모든 필요가 채움 받을 것을 알게 될 때, 우리는 생명의 영원한 흐름 속에 있는 것입니다. 그때 우리는 경외감, 놀람, 경이로움, 기쁨 속에 살게 될 것이다.

따라서 이제 진짜 세상에 주파수를 맞추십시오.

그리고 거기에 푹 빠지시길 바랍니다.

위대한 사랑의 힘에 사로잡힌 삶

존재의 은혜
The Grace of Being

존재한다는 것은 형언할 수 없는 특권입니다. 실재하는 것의 요점은 존재의 은혜입니다. 그리고 근원적으로 하나님께서 우리를 위하신다는 것입니다.

> 그 무엇도 우리 주 예수 그리스도 안에 있는
> 하나님의 사랑에서 우리를 끊을 수 없다.
> ─〈로마서〉 8장 39절

생명은 은혜 위의 은혜입니다. 그것은 믿을 수 없을 만큼 좋은 것입니다. 그리고 결국에 우리는 왜 우리가 버거움과 불평 속에 시간을 낭비했었는지 스스로 의아해할 것입니다. 생명의 진리로 사는 것은 축제와 기쁨입니다.

진리로 사는 것은 놀이play와 같습니다. 그것은 우리가 하나님의 놀라운 선하심을 축하하는 방법 중의 하나이기도 합니다.

예수님은 많은 시간을 노는 데에 할애하셨습니다. 예수님 당시 자신들의 강박적인 도덕적 선의 관점에 빠져서 놀이의 중요성을 이해할 수 없었던 사람들은 예수님을 포도주와 음식을 탐하는 자라고 불렀습니다. 하지만 예수님은 단지 삶의 선한 면을 즐겼을 뿐입니다. 그는 모든 생명이 어디서 와서 어디로 가는지 알고 계셨습니다.

사실 그는 단지 30년 전에 바로 그런 놀이가 있는 세상에서 이 땅으로 오셨고, 얼마 지나지 않아 그곳으로 되돌아가셨습니다. 그를 둘러싼 비극과 처절한 고문 그리고 죽음도 그를 우울하게 만들 수 없었던 이유는 주체할 수 없는 연민의 영 안에서 예수님은 매 순간 경축하는 법을 알았기 때문입니다.

예수의 이름으로 그리고 성령의 능력으로, 나는 우리 모두에게, 특별히 무거운 짐의 무게 아래 있는 사람들에게 명령합니다.

즐겨라!
삶은 좋은 것이다!
그 무엇도 하나님의 사랑에서
우리를 끊을 수 없다!
모든 것은 은혜이다!

각성과 소망
Disillusionment and Hope

인생은 각성과 깨어남의 연속입니다. 각성은 세상을 바라보는 우리의 일상적인 관점을 벗겨내는 것입니다. 우리가 각성할 때 이 세상은 우리가 마땅히 존재해야 한다고 원하거나 느끼는 방식으로 존재하지 않는다는 사실이 드러나게 됩니다. 그리스도 안에서 우리의 소망이 자랄수록 우리에게는 새로운 수준의 각성이 일어납니다.

만일 우리가 서로 사랑하고 사람들의 필요에 따라 자신의 자원을 나눠 주면 어떤 세상이 펼쳐질지에 대해 우리의 시각이 더욱 선명해질수록 우리는 자신이 속한 나라, 교회, 공동체가 그렇게 하지 않는 것에 대해 실망하게 될 것

위대한 사랑의 힘에 사로잡힌 삶

입니다.

우리 자신이 더욱더 특정한 사람들의 삶을 구체적으로 돌볼수록, 화해의 삶을 열망하지만 모두를 다 사랑할 수 없는 자신의 제한된 능력에 더욱 실망하게 됩니다. 그러나 그러할수록 자신을 지속적으로 각성하도록 하면서 동시에 불타는 소망으로 채우는 것이 참으로 중요한 일입니다.

따르라 그리고 기도하라
Follow and Prayer

당신의 발을 그분의 길에 고정하십시오. 그리고 계속 따르시길 바랍니다. 예수님께서 "나는 길이요"라고 말씀하신 것을 기억하기 바랍니다. 그분께서는 결코 이 길의 끝에 가서야 나를 만날 것이라고 말씀하지 않으셨습니다. 반대로 "나는 '지금' 길이요I AM the way"라고 말씀하셨습니다. 즉, 예수님은 네가 나의 길을 따르기 시작하자마자 곧 나를 만나게 될 것이라고 말씀하신 것입니다. "네가 어디 있든지, 어느 지점에서 시작하든지 간에 나는 네 발 바로 밑에 있는 길이다. 네가 밑바닥에서 시작한다면 나는 거기에 너와 함께 한다. 네가 세속적 성공의 정상에서 시작한다면

위대한 사랑의 힘에 사로잡힌 삶

나는 거기에서 너와 함께 한다"라고 말씀하신 것입니다.

　계속 따르십시오. 그리고 계속 기도하십시오. 사람들은 종종 하나님이 그들에게 '실재'처럼 보이지 않아서 기도하지 않는다고 말합니다. 추측컨대, 그들은 기도하는 것이 마치 자신에게 스스로 말하는 것처럼 느껴질 것입니다. 하지만 나는 그런 사람들에게 이렇게 말합니다. "그것은 아마도 당신이 실제로 기도하지 않기 때문에 하나님이 실재처럼 보이지 않는 것일지 모릅니다." 만일 우리가 상대방의 말을 경청하는 데 관심을 보이지 않는다면, 그 누가 우리와 대화하려고 하겠습니까?

　특히 하나님이 실재가 아닌 것처럼 느껴질 때, 당신이 그것을 원하지 않을 때 기도하십시오. 기도는 보이는 것과 보이지 않는 것 사이의 문을 열어 줍니다. 나에게 있어서 하나님의 실재는 그분의 음성을 듣고자 기다리는 태도에 달려 있습니다. 만일 내가 이와 같이 간절한 마음으로 그분의 음성을 듣고자 하는 태도를 버리면, 그 즉시 세속의 안개가 내 위에 내려앉고, 하나님은 실재가 아닌 분이 되어 버릴 것입니다.

　계속 따르고, 계속 기도하고, 계속 사랑하십시오. 만일

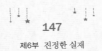

우리가 이러한 영 안에서 잠시라도 살 수 있다면, 우리는
그 순간 궁극적인 원리에 접촉하는 것입니다.

강박관념
The Obsession

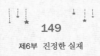

여호와여 내가 깊은 곳에서
주께 부르짖었나이다.
나의 부르짖음에 응답하소서.
－〈시편〉 130편

나의 깊은 부르짖음은 반드시 들려야 합니다. 하나님, 듣고 계십니까?

만일 내가 주님의 것을 갈망하듯, 하나님이 나의 깊은 간구를 듣고 바라봐 주시지 않는다면, 나는 완전히 끝장입니다.

제6부 진정한 실재

"주 하나님, 나는 당신을 갈망합니다. 제발 나의 간구를 들어주십시오. 주님이 나의 깊은 간구를 들어주시지 않는다면 나는 살 수가 없습니다. 나는 사랑이 절대 실패하지 않는다는 것을 기다리고 있습니다. 나는 그런 사랑을 다른 그 어디에서도 찾지 못할 것입니다."

이 깊은 간구는 우리의 삶의 중심적인 강박Obsession이 됩니다. 이것은 우리가 추구하는 한 가지 위험, 즉 우리의 마음과 생명을 드리고자 하는 한 가지 갈망입니다. 다른 모든 것은 바로 이 한 가지에서 자라나게 됩니다. 우리에게는 순전한 마음이 주어졌고, 이 마음은 오직 한 가지, 하나님 그분에게만 집중해야 합니다. 우리에게 다른 구원자는 없습니다.

위대한 사랑의 힘에 사로잡힌 삶

진정한 우리
Who We Really Are

한 친구가 나에게 우리 교회 방명록을 건네주었습니다. 그리고 나는 최근 방문자들이 기록한 내용을 살펴보았습니다. 그중 하나는 간결했는데, 이렇게 적혀 있었습니다. "끔찍하다!" 그리고 거기서 몇 줄 아래에는 "매우 모호함"이라고 적혀 있었습니다. 나는 그것이 나의 설교에 대한 코멘트라는 사실을 잘 알고 있습니다.

우리는 매우 다양한 방식으로 우리가 진정 누구인지를 알게 될 것입니다. 적어도 다른 사람의 시각에서는 말입니다. 우리에게 어떤 기대가 부여되든지 간에 우리는 매우 불완전한 존재입니다. 우리는 하나님과 사람들 서로 간의 진정한 관심사에 대해서 정말로 민감하지 못합니다. 심지어 우리 앞에서 사람들이 부르짖는 필요에 대해서도 우리는 그냥 쉽게 지나쳐 버립니다.

그리스도와 교회는 그의 영광 안에서 우리에게 열려 있습니다. 하지만 우리는 우리 자신의 어려움과 고민거리에 대해서는 훨씬 더 많이 인식합니다. 우리 각자는 마음에 고통을 지니고 있는데, 결국 그것이 우리가 예수님처럼 따르도록 이끌어 줍니다.

하지만 우리는 또한 이 질그릇 안에 진짜 보물이 담겨 있을 수 있다는 것을 인식합니다. 어쩌면 그곳에는 최소한 함께 다음 단계로 나아가도록 하기에 충분한 진정한 깨달음, 신실함, 영감이 있을 수 있습니다. 중요한 것은 우리가 가능한 많은 사람과 함께 손잡고 계속해서 다음 단계로 전진하는 것입니다.

궁극적인 연합
The Ultimate Unity

모든 아름다움과 경이로움은 미래에 대한 힌트일 것입니다. 나의 상상력은 지금 당장 하나님의 전 우주적 완전한 화해와 연합을 이해하기에는 아직 너무 미성숙합니다. 그러나 장차 그 궁극적인 연합에서 제외되는 것은 결코 아무것도 없다는 것을 의미함을 잘 알고 있습니다.

하나님은 모든 잃어버린 양과 잃어버린 동전을 하나도 남김없이 찾아낼 때까지 영원히 전 우주를 찾아다니실 것입니다. 그때에는 학대받는 아동, 자살하는 십대, 약물중독자, 정신장애자, 정치범, 노숙자, 사형수 등은 전혀 존재하지 않을 것입니다. 그리고 우리 중 어느 누구도 결코 잊히

제6부 진정한 실재

지 않을 것입니다.

내적인 조명을 통해 나는 지구촌 가족들의 다양한 분절
됨의 고통을 느끼는데, 여기에는 도울 방법을 몰라서 그냥
지나쳐야 했던 워싱턴 DC의 콜롬비아 거리Columbia Road의
깨어진 육체들도 포함되어 있습니다.

하지만 그때 나는 낙담하기보다 자신에게 이렇게 말했
습니다. "나의 작은 형제여, 당신은 내적으로도 깨어지고,
외적으로도 깨어지고 중독된 육신입니다. 아무도 당신에
게 미래가 있다고 생각하지 않고, 당신 자신도 그렇게 생
각할 것입니다. 하지만 당신은 반드시 회복할 것입니다. 하
나님의 형상을 닮은 당신의 본래 모습 안에 억눌려 있는
모든 아름다움은 결국 완전히 해방될 것입니다. 언젠가 내
가 당신을 다시 보게 될 때, 우리 모두는 새로운 몸을 입고
있을 것입니다."

아, 이 초월적인 아름다움!!

위대한 사랑의 힘에 사로잡힌 삶

두려워하지 않음
Not Afraid

　나의 삶에 대해 그리고 내가 무엇을 원하는지에 대해 깊이 묵상하는 일은 결코 두려워할 일이 아닙니다. 내 삶을 내가 두려워할 때 스스로 비참해집니다. 그래서 소극적인 안전을 택하게 되고, 스스로를 제한하게 됩니다. 그리고 나의 재능은 수면 밑으로 숨겨지게 됩니다. 결국 나의 깊은 존재 모습을 나타내지 못하기 때문에 나는 진정으로 살아 있는 상태가 아닙니다.

　내가 두려워할 때 나의 사소한 부분이 대다수의 부분을 포로로 붙잡습니다.

　내가 두려워할 때 나는 자신에게 대항하는 분리된 집과

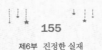

같은 모습이 됩니다.

무엇보다도 나는 두려움에서 해방되기를 원합니다. 왜냐하면 두려움은 나를 가장 잘 이해하는 모습에서 나를 분리시키기 때문입니다. 나는 사랑에서 우러나는 마음으로 나 자신을 너그럽고, 관대하고, 자유롭게 해 주고 싶습니다. 나는 나 자신을 드러내고, 기꺼이 미래를 환영하고 끌어안을 수 있는 위험을 감수할 수 있기를 원합니다. 나는 내면 깊은 곳에 있는 가능성들이 모두 발현되는 것을 보기를 원합니다.

나는 모든 생명, 모든 존재와 연합되기를 원합니다. 나는 모든 인류와 하나 되는 것을 알고 느끼고 싶습니다. 나는 따듯함과 친밀감을 알고 싶습니다. 그리고 다른 사람을 수용하고, 이해하고, 지지하고 싶습니다. 나는 나 자신을 마음껏 희생하고 싶습니다. 왜냐하면 바로 이때가 내가 살아 있고, 나 자신으로 느껴지기 때문입니다. 나는 사랑의 예술, 위험을 감수하는 예술이 내가 좋아하는 것이라고 느낍니다.

제7부

돌파하기
Breakthrough

우리가 어디에 있든지,
무엇을 생각하고 무엇을 하든지 간에,
하나님의 임재는 우리를 비추십니다.

차라리 행하는 것이 낫습니다
You'd Better Do it

마음 깊은 곳에서―많은 사람의 경우 그리 깊지 않은 곳―우리는 분노하고 있습니다. 우리는 많은 에너지와 시간을 자신의 분노를 억제하는 데 사용하고 있습니다. 하지만 가끔씩 우리의 분노가 폭발할 지경에 이를 때가 있는데, 하필이면 마침 그때 우리 주변에 있는 사람들은 참으로 불쌍한 영혼들입니다.

우리가 분노하는 데에는 여러 가지 이유가 있습니다. 하지만 우리가 가장 이해하지 못하는 가장 중요한 분노의 이유 중 한 가지는 바로 창조성의 부정the denial of creativity입니다. 만일 우리가 우리의 창조성을 부정하거나 억누르면,

우리는 미칠 듯이 화가 날 것입니다.

그러므로 만일 당신이 시를 써야한다면, 조금 힘들더라도 시를 쓰기 위해서 분투하는 편이 낫습니다. 심지어 다락방에서 살게 될지라도 말입니다. 만일 당신이 책을 써야한다면, 책을 쓰면서 바쁜 편이 훨씬 낫습니다.

만일 당신이 어떤 관계를 아름답게 발전시킬 필요가 있다면, 심지어 당신이 다른 많은 중요한 활동을 못하게 되더라도, 그 관계를 발전시키기 위해 노력하는 편이 낫습니다. 만일 당신이 당신의 자녀와 함께 있어야 하고, 그녀를 사랑해야 하고, 그녀가 당신과 하나님께 얼마나 소중한 존재인지를 알게 해야만 한다면, 심지어 그것 때문에 다음 승진에서 당신이 누락당할 위험이 있더라도 그것을 행하는 편이 낫습니다.

만일 당신이 정원의 땅을 파고, 씨를 뿌리고, 꽃이 자라는 것을 봐야 할 필요가 있다면, 당신은 당장 그 일을 시작하는 편이 좋을 것입니다.

만일 당신이 사람들이 번성할 수 있는 새로운 지역사회를 만드는 기관을 세울 필요가 있다면, 아무것도 당신을 방해하지 못하도록 하십시오.

위대한 사랑의 힘에 사로잡힌 삶

만일 당신이 노래를 부를 필요가 있다면, 노래하십시오. 만일 당신이 춤출 필요가 있다면 춤추십시오. 당신의 독특한 창조성이 무엇이든 간에 그것에 당신 자신을 바치기 바랍니다. 만일 다른 사람들이 그런 당신을 이해하지 못한다면, 그것은 그 사람들의 문제이지 당신의 문제가 아닙니다.

당신은 당신이 행하도록 창조된 대로 해야만 합니다. 왜냐하면 창조주 하나님이 계속해서 무한한 에너지와 생명을 갖고 우리 안으로 뚫고 흘러들어오시기 때문입니다.

당신은 당신의 창조적 자원을 비축하거나 아주 조금씩만 꺼내어 사용할 필요가 없습니다. 당신은 당신의 창조성이 흐르게 하는 데 있어서 아주 후하고 완전히 낭비하는 것처럼 많이 사용해도 괜찮습니다. 그러나 그렇게 한다 해도 당신이 창조주의 자원을 완전히 소모시킬 수는 없다는 점을 기억하십시오.

하나님의 무한한 흐름
God is Infinitive Flow

하나님은 신비하고, 거룩하고, 형언할 수 없는 분이시며, 매 순간 우리와 함께 계시고, 우리 안에 계십니다. 하나님은 마치 물이 물고기가 생존하고 헤엄치게 하는 매개의 역할을 하는 것 같이 우리를 존재하게 하는 생명의 매개체이십니다.

우리가 살아가는 데 있어 하나님의 임재에 의한 도움 없이 지내는 순간은 단 한순간도 없습니다. 우리는 하나님을 잊어버립니다. 하지만 만일 하나님께서 우리 중 단 한 사람이라도 잠시 잊어버리신다면, 우리는 결코 존재할 수가 없습니다.

위대한 사랑의 힘에 사로잡힌 삶

하나님은 매 순간 우리를 생각하시고, 우리를 소중히 여기시고, 우리 때문에 기뻐하십니다. 우리가 어디 있든지, 무엇을 생각하고 무엇을 하든지 간에, 하나님의 임재는 우리를 비추십니다. 그리고 우리 안으로 뚫고 들어오기를 갈망하십니다.

믿음의 신비한 의식mystical consciousness은 나를 둘러싼 사랑을 우리의 깊은 존재 속으로 받아들이는 도구이고, 나를 뚫고 들어오고자 하는 강력한 갈망입니다. 이 사랑의 에너지, 이 임재의식, 이 희망은 결코 소모되지 않습니다. 하나님은 결코 부족함이 없으시기 때문입니다.

안전에 갇히고 생존 때문에 불구가 됨
Imprisoned by Safety, Crippled for Life

두려움은 우리를 불구자로 만드는 최고의 적입니다.

두려움은 우리의 생명이 충만함과 성숙함으로 흘러가는 것을 가로막습니다. 그것은 우리가 자유를 향해 다음 단계로 나아가는 것을 가로막습니다. 그것은 많은 기회를 놓치게 만듭니다. 설사 외견상으로는 안전하다 해도 우리는 갇히고 말 것입니다.

새로운 것, 미지의 것에 대한 도전은 성공할 수도 있고, 잘못될 수도 있는데, 바로 이 성패에 대한 불안이 우리를 두렵게 합니다. 우리는 지금 알고 있는 것이라는 감옥에 갇혀서 주저합니다. 그러나 시간이 흐르면서 우리는 두려

위대한 사랑의 힘에 사로잡힌 삶

움에 익숙해지고, 그것에 단단히 묶여서 제한당합니다. 그리고 결국 우리는 생존을 위해 불구자가 되고 맙니다.

그런데 이러한 현상은 개인뿐 아니라 공동체와 사회에서도 발생합니다. 사회가 마약과 폭력, 또는 일탈과 어둠에 의해 침략당하면, 조직적인 병리학이 자리를 잡게 됩니다. 그리고 그런 사회는 점점 포악해져 사람들이 서로를 잡아먹게 됩니다.

강자가 약자를 잡아먹습니다. 자녀들은 착취당하고, 창조적 공공 역할모델은 부정됩니다. 노인들은 자신들의 방을 떠나기조차 두려워하며 끝없이 외로움의 시간을 보내게 됩니다. 결국 새로운 분위기를 갈망하고 그런 사회의 잔인함에 대해 대항하고자 하던 몇몇 사람들도 용기를 잃게 되고, 완전히 수동적으로 변하게 됩니다.

'두려움과 대항해서 좋을 것이 무엇이 있을까?' '그냥 두려움과 함께 공존하는 것이 더 현명하지 않을까?' 결국 이런 생각들과 함께 모든 일관성, 연합, 건강이 사라질 때까지 이 병은 더욱 깊어져 갑니다. 그리고 보다 더 깊은 두려움들이 만연하게 됩니다.

사람들은 보다 확장된 안전시스템과 고립화 전략으로

인해 더욱 개인화 되어 갑니다. 경찰은 더욱 경계하게 되고, 기업들은 철수합니다. 지역사회 조직들도 더 이상 새로운 가능성을 시도하지 않을 것입니다. 결국 이런 식으로 두려움은 모든 것을 쇠약하고, 우울하고, 끔찍한 상황으로 변질시킬 것입니다.

또한 두려움은 한 국가를 장악할 수도 있습니다. 국가의 자신감과 활력은 모두 사라지게 됩니다. 두려움에 사로잡힌 국가는 그 두려움을 다른 국가에 투영합니다. 창조력은 무너지고 맙니다. 국가와 문명의 일반적인 발전 과정은 최고 정점에 이른 후 추락하고, 때로는 문명이 완전히 잊히게 됩니다. 따라서 창조성, 사랑, 연민은 두려움과 절대로 공존할 수 없습니다.

위대한 사랑의 힘에 사로잡힌 삶

궁극적인 여행을 위한 준비
Preparing for the Ultimate Journey

　우리의 삶에서 정말 큰 이슈는 죽음 자체가 아니라 죽음의 의미입니다. 우리는 무엇을 향해 가고 있습니까? 우리가 살면서 내리는 모든 결정, 모든 순간, 모든 경험은 언젠가 우리가 죽게 될 순간을 향해 우리를 이끌고 있습니다.

　죽는다는 것은 우리에게 일어났던 모든 것을 받아들이고, 환영하는 것입니다. 죽음의 순간 그리고 이 순간 이후에는 무엇이 우리를 기다리고 있을까요? 죽음을 위한 적절한 준비는 무엇일까요? 우리는 무엇을 갖고 갈 수 있을까요? 이 문제를 비추는 빛이 없다면 우리는 완전한 어둠 속에서 삶을 살게 됩니다.

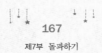

결국 삶이 의미가 있는지의 여부는, 많은 부분 우리가 죽음의 의미를 발견할 수 있는가의 여부에 달려 있다고 할 수 있습니다.

누가 또는 무엇이 우리를 도울 수 있을까요? 우리는 적어도 우리가 방문하고자 하는 여행지의 지명, 사람, 역사에 대한 안내책자를 읽지 않고는 여행지로 출발하지 않습니다. 하지만 죽음을 향한 거대한 여정은 우리로부터 모든 것을 요구합니다. 그런데 우리 대다수는 죽음을 향한 안내책자가 있는지에 대한 질문조차 하지 않고 있습니다.

우리의 사랑하는 사람들이 우리 곁을 떠날 때, 우리는 잠시 슬퍼합니다. 그러고 나서 마치 이 세상이 영원히 지속될 것처럼 우리의 삶을 다시 추스르기 시작합니다. 명백한 사실은 결국 우리 모두는 각자 이 여정을 가게 될 것이라는 사실입니다. 어떤 사람은 "금방, 정말로 금방" 그 여정을 가게 될 것입니다. 무엇이 우리가 그 여정을 준비하도록 도울 수 있을까요?

나는 이 질문에 대해 즉각적으로 해답을 찾는 것에 대해 경계하고 싶습니다. 나는 이 문제와 관련해서는 얄팍한 해답에 도달하는 것보다는 계속해서 더욱 날카로운 질문을

위대한 사랑의 힘에 사로잡힌 삶

던지는 것이 더 중요하다고 생각합니다. 아마도 이 엄청난 질문에 대한 가장 진실한 대답은 "모른다" 일 것입니다. 궁극적으로 우리는 신비 안에서 그리고 신비에 의해 살고 있습니다.

하지만 우리는 깊이 있는 성찰과 인식을 통해서 그 답을 찾아낼 수 있습니다. 이 질문에 대한 해답은 우리가 주님이라고 부르는 예수님이 찾으셨던 답과 동일합니다. 예수님은 완전한 인간이 되셨습니다. 따라서 우리가 삶에서 부딪히는 모든 것을 예수님도 부딪히셨습니다. 그는 우리를 위해서 우리와 같이 되셨습니다. 그는 어떤 코드를 갖고 사셨습니까? 그는 인생의 가장 큰 질문에 대해 어떻게 해결하셨나요?

예수님은 그가 아빠Abba라고 불렀던 거룩한 분과 깊고, 개인적이고, 친밀한 관계 속에서 사셨습니다. 그는 아빠에게 이야기했습니다. 그는 아빠의 말씀을 들었고, 아빠께 순종했습니다. 그는 오직 아빠의 뜻을 행하기를 원하셨고, 그가 육화한 거룩한 본성에 진실하기를 원하셨습니다.

아빠는 스스로를 비우셨고, 아들 예수님도 스스로를 비우셨습니다. 아빠는 사랑하셨고, 아들 예수님도 사랑하셨습니다. 심지어 치러야 할 대가가 고통스러운 죽음이었을 때에도, 예수님은 사랑을 계속하셨습니다. 그는 단 한순간 도 아빠의 성품을 배신하기를 거절하셨습니다.

바로 이것이 우리 삶의 모든 여정, 그리고 최후의 여정 을 위해 예수님이 친히 보여 주신 여행준비인 것입니다.

위대한 사랑의 힘에 사로잡힌 삶

하나님이 뚫고 들어오시면
God Breaks Through

기도를 통해서 하나님은 우리를 향해 들어오시고, 우리와 연결되시고, 우리에게 자신을 나타내십니다. 우리는 개인적인 하나님의 임재 속에서 하나님의 궁극적인 임재를 느끼게 되고, 하나님이 행하시는 비전을 받게 됩니다.

부르심이란 하나님이 행하신 그리고 하나님이 완성하실 일에 이끌리고, 모여들고, 적극적으로 참여하는 것입니다.

부르심은 우리 모두에게 우리가 누구이고, 교회 공동체가 무엇을 하는지에 대한 중심적인 것이기 때문에 예수님의 인성 안에서 성경의 하나님을 만나는 이 만남의 본질, 즉 그 핵심에 대해 몇 가지를 생각하고자 합니다.

예수님이 우리에게 오실 때, 하나님이 오시고, 성령님도 오십니다. 우리는 삼위일체 하나님을 만납니다. 우리는 우상을 만들고 숭배하는 경향이 있기 때문에 참 하나님 authentic God의 계시를 받는다는 사실을 인식하는 것이 매우 중요합니다.

그런데 그 핵심적인 계시는 삼위일체 하나님은 전 세계를 위한 공의의 하나님이시라는 것입니다.

공의는 사랑의 본질적인 차원입니다. 하나님은 항상 불공평의 희생자인 압제당하는 자들의 부르짖음을 들으십니다. 하나님은 가난한 자들의 부르짖음을 들으십니다. 그래서 참 하나님이 우리에게 뚫고 들어오실 때 가장 중요한 신호 중 하나는 권세를 가진 자들에게 학대당한 사람들과 희생자들에 대한 깊은 열정이 생긴다는 것입니다.

하나님은 고통당하는 자들 중에 거하십니다. 따라서 우리가 어떻게 하나님이 계신 그곳에 함께하지 않을 수 있겠습니까? 하나님은 우리가 우리의 자원을 희생적으로 나누기를 갈망하십니다. 그분은 우리가 아이들과 실직자들, 노숙자들, 노인들을 위한 적극적인 옹호자가 되길 원하십니다. 그들을 위해 모금을 하고, 국가가 보다 공의로운 나라가 되도록 하기 위해 제안된 법률에 우리가 지지하기를 원하십니다.

우리가 하나님의 나라를 향한 공의의 비전을 받게 될 때, 우리는 그 비전을 확장하기 위해 우리의 생명을 내어 놓을 수 있습니다. 만일 당신이 국가의 권력시스템 아래서 압제당한 사람과 친밀한 관계를 갖고 있지 못한다면, 이번 주가 가기 전에 그런 사람을 알기 위한 노력을 시도하기 바랍니다. 그러한 친구관계가 당신의 생명을 구원할 것입니다.

참 하나님 안에서의 죽음
Dying into the Real God

나는 과연 하나님이 행하시는 새 일을 위해 준비가 되어
있을까요?

이 질문은 궁극적으로 모든 질문의 끝에 있는 질문이기
도 합니다. 즉, 나는 죽을 준비, 즉 영광의 광대한 나라로
옮겨갈 준비가 되었는가 하는 질문입니다.

이 궁극적인 질문의 빛 안에서 오늘 내 삶의 의미는 무
엇일까요? 내가 지금 당장 주의를 기울여야 할 것은 무엇
이 있을까요?

죽음의 순간을 맞이하기 위한 준비는 내가 오늘 어떻게
반응하는가에 달려 있습니다. 나 자신을 하나님께 드리는

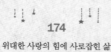

위대한 사랑의 힘에 사로잡힌 삶

것은 매우 중요합니다. 그런데 이것은 나의 거짓 자아를 강화하는 것에 대해 대항하고, 나의 진정한 자아에 주목하는 것을 의미합니다. 그리고 사랑 안에서 나 자신을 아낌없이 다른 사람에게 내어 주어야 합니다.

우리는 너무나 자주 이 중대한 질문에 응답하기보다는 스스로 우상을 만들 때가 많습니다. 우리는 궁극적으로 우리를 구원하지 못할 보잘것없고, 무능력한 신들을 숭배합니다. 우리는 우리의 탐욕을 보호할 거짓 신들을 만들고, 심지어 우리의 탐욕이 정당하다고 말합니다.

그러나 이 신들은 우리가 죽을 때 그곳에 없을 것입니다. 하지만 우리는 우리 자신의 이미지와 우리가 원하는 필요를 채워 줄 거짓된 신을 만드는 데 분주합니다.

우리를 구원하실 참 하나님은 만들어질 수가 없습니다. 참 하나님께서 우리를 빚으실 뿐입니다. 참 하나님은 진짜 말씀, 즉 매우 중요한 말씀을 하십니다. 그리고 그 말씀은 지금도 우리에게 울려 퍼집니다.

그 하나님의 참 말씀은 다음과 같습니다.

나와 함께 있으라.

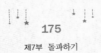

나는 너를 버리거나 포기하지 않는다.

너의 특권을 버리라.

나의 길에 충성하지 못하게 만드는

보상시스템을 떠나라.

나와 진정한 언약관계에 있게 하는

새로운 시스템을 만들라.

진짜로 살기 위해서 너의 생명을 잃어버리라.

모든 부분에서Part of Everything.

우리의 가장 중요한 과제는 하나님의 창조에 대한 의식적 혹은 무의식적 적대감과 창조세계로부터 분리됨을 버리고, 창조 안에서 안식하고, 연결되고, 교제하는 것입니다. 우리의 사명은 피조물을 보살피고, 우리도 피조물의 보살핌을 받는 것입니다. 즉, 피조물을 통해 하나님을 만나는 것입니다.

지면을 덮은 모든 안개를 통해 우리는 생명을 얻습니다. 우리는 그것과 연결됩니다. 하늘이 아름답고 인상적일 때마다, 비가 내릴 때마다, 우리가 보는 모든 나무, 주목하는 모든 꽃과 우리가 연결되기만 한다면, 우리가 새로워지지 않는 순간은 단 한순간도 없을 것입니다. 이것은 단지 우리가 하루를 시작하면서 하나님의 음성을 듣는 60분 동안의 묵상 시간에 대한 문제가 아닙니다. 우리는 어디를 가든지 하나님의 음성을 듣게 됩니다. 우리는 새로워집니다. 그리고 우리는 경외감 속에 서게 됩니다.

우리는 하나님께, 서로에게, 자연과 연결되어 있기 때문에 우리는 모든 것의 한 부분이고, 모든 것은 우리의 부분입니다. 우리는 모든 것을 존중하고, 모든 것을 사랑하고, 모든 것을 존경합니다.

만일 우리가 의식적으로, 그리고 의도적으로 이런 방식으로 살아간다면, 죽음은 단지 상상할 수 있는 가장 쉬운 길에 불과할 것입니다. 우리는 단지 친밀한 이 공간에서 또 다른 친밀한 공간으로 옮겨가는 것뿐입니다. 즉, 사랑에서 사랑으로 옮겨가는 것뿐이며, 이것은 아름다운 경험입니다. 이로써 우리는 죽음 앞에서도 여유로울 수 있고, 또한 안전합니다.

그렇게 될 것입니다
May It Be So

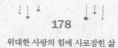

우리는 때때로 종교를 매우 복잡하게 만들어 버립니다. 기독교는 그동안 존재했던 그 어떤 종교보다 본질적으로 가장 단순한 종교입니다. "하나님은 사랑이라. 사랑하는 자마다 하나님에게서 낳고 하나님을 안다."

계속 따르고, 계속 기도하고, 계속 사랑하십시오.

만일 우리가 매일매일, 매주마다 계속해서 이 세 가지를 지속적으로 행한다면, 우리가 느끼든 느끼지 못하든 간에 모든 역사 속에 존재했던 모든 의심 그리고 개인적으로 갖고 있던 모든 의심의 안개가 갑자기 사라지는 것을 발견하게 될 것입니다.

위대한 사랑의 힘에 사로잡힌 삶

우리는 따뜻하고, 강하고, 실재적인 임재를 인식하게 될
것입니다. 가장 밝게 빛나는 광명이 우리의 생명 속으로
밀려들어 오게 될 것입니다.

정말로 그렇게 될 것입니다.

고든 코스비 목사의 생애와 사역[*]

고든 코스비의 영성과 목회

고든 코스비 목사가 개척한 워싱턴 DC의 세이비어 교회는 지난 67년간의 사역을 통해 많은 사람에게 영감을 주고, 많은 사람을 북돋우는 역할을 해 왔다. 또한 그들 가운

---

[*] 본 자료는 그동안 필자가 출간했던 졸저 《미국을 움직이는 작은 공동체, 세이비어교회》(평단, 2005), 《세이비어 교회−실천편》(평단, 2007), 《예수처럼 섬겨라》(평단, 2009), 《작은 공동체가 희망이다》(kmc, 2012)에서 고든 코스비 목사의 생애와 사역에 관한 내용을 재구성하여 소개하는 내용임을 밝힌다. 이미 세이비어 교회를 탐구하는 독자나 처음 대하는 모두에게 이 책이 깊은 영성을 향한 새로운 통찰력을 제공하는 기회가 되기를 기대한다.

↓ 고든 코스비
1947년 세이비어 교회 창립자. 제2차 세계대전 시절, 군목 종군 시절에 받았던 충격이 계기가 되어 세이비어 교회를 세우게 된다.

데 참된 교회를 세울 수 있는 큰 영향을 받은 사람도 많다. 그러함에도 세이비어 교회는 오늘날의 교회의 기준으로 볼 때 여전히 하나의 작은 교회로 남아 있다. 지금 우리 주위에는 수많은 대형 교회가 있다. 그리고 그 교회들은 모두 나름대로 이 세상에 영향을 끼치기 위해 노력하고 있다. 그런데 이 작은 세이비어 교회는 이 시대의 다른 어떤 교회들보다 미래목회에 실제적인 대안을 제시하고 있다 해도 과언이 아니다.

세이비어 교회의 개척자인 고든과 메리 코스비는 버지니아 주의 린치버그에 있는 리버몬트 애비뉴 침례교회에

↓ **고든 코스비와 그의 부인 메리 코스비**
두 사람은 서로에게 가장 든든한 파트너가 되어 세이비어 교회
의 시작을 알리고 진정한 교회란 어떤 것인가를 영성과 사역을
통해 보여 주었다.

메리의 부친이 담임목사로 부임해 왔을 때 처음 만났다.
그 당시 메리는 10세였고, 고든은 15세였다. 당시 미국 남
부의 교회는 종교생활뿐 아니라 사회생활, 사교생활의 중
심지이기도 했다. 그래서 그들이 한 교회 안에서 친하게
지내며 자란 것은 이상한 일이 아니었다.

고든은 19세가 되자 곧바로 신학교에 입학했고, 그곳에
서 몇 년을 지냈다. 그때 그는 일반 대학교에서 공부하는
것이 중요하다고 느꼈다. 그래서 신학교에서 시드니 햄든
대학으로 편입해서 공부를 했다. 그리고 다시 켄터키 주
루이빌에 있는 남침례교신학대학에 들어가 그곳에서 신학

공부를 마쳤다. 고든은 신학과 일반 대학 두 과정을 동시에 공부하고 졸업했다. 그리고 대학 졸업 후 8일 만에 고향의 교회 목사 딸인 메리 캠벨과 결혼했다.

신학교를 다니는 동안 고든은 그가 신앙생활을 하며 알고 있던 교회와 신약성경에서 읽은 교회 사이에는 많은 차이가 있다는 사실을 깨닫고, 부인 메리와 어떻게 하면 이 둘 사이의 불일치를 줄이고 온전한 교회를 만들 수 있을 것인가에 대해 기회가 있을 때마다 토론했다.

새로운 교회에 대한 열망은 고든에게 있어 선천적이고 매우 자연스러운 것처럼 보인다. 그는 15세 때부터 당시 버지니아 린치버그 교외의 조그마한 흑인 교회의 교인을 섬기는 설교자로 3, 4년을 보낸 적이 있다. 한번은 흑인 동네를 방문하던 길에 오래되어 버려진 건물 한 채를 발견했는데, 그것은 이 지역에 있는 교회 중의 하나로 금방이라도 쓰러질 듯한 모습이었다. 고든은 그 교회가 목회자를 청빙할 여유가 없어서 교회 문을 닫았다는 말을 듣게 된다. 고든은 그들의 목회자가 되겠다고 제안했고, 그는 그 다음 주일 그 교회에 가서 시범적으로 설교를 했다. 그리고 신학교에 갈 때까지 매주 그곳에 가서 예배를 드렸다.

그곳에서의 경험은 어떤 면에서는 신학교에서 배운 것보다 더 많이 그를 성숙하게 하는 기회가 되었고, 또 한편으로 일생동안 새로운 교회에 대한 열망을 갖게 되는 출발점이었다.

신학교를 마치고, 고든과 메리는 버지니아 알링턴에 있는 작은 침례교회로 부임해 갔다. 그들은 그곳에서 1년 동안 사역을 했고, 제2차 세계대전이 발발하자 고든은 군목으로 섬기게 되었다. 2년 반 동안 군목생활을 했으며, 그는 101 공수부대와 함께 유럽으로 파병되었다. 그가 참전한 곳은 노르망디 상륙작전 등 제2차 세계대전 때 가장 치열했던 격전지였다. 그는 죽어 가는 장병들과 함께했고, 그들이 전혀 준비되지 않은 죽음을 맞는 것을 목격했다. 그의 그간의 교회생활은 그때 그가 보았던 삶과 죽음의 경험과는 동떨어진 것이었다. 2년 반 동안의 고된 시련을 거치면서 그는 다시 전과 같은 목회로 돌아갈 수 없다는 사실을 깨달았다. 그는 메리에게 편지를 써서 자신들이 어떤 형태든 새로운 목회를 해야 한다고 이야기한다. 그 새로운 것이 어떤 것인지 당시는 알지 못했지만, 어쨌든 그는 예전의 조직 속으로 다시 돌아갈 수 없었다. 그가 전장에서 보고 경험했던 것들은 쉽게 이해할 수 있는 경험은 아니었다.

그때 고든이 생각한 새로운 교회의 가장 중요한 핵심은 두 가지였다. 첫째, 새 교회는 인종적으로 차별이 없어야 한다는 것이었다. 1940년대 인종차별이 심한 미국 남부 지역에서 그와 같은 생각을 갖고 있었다면, 아마도 당시 그가 속한 남침례교회에서는 그를 파송하지 않았을 것이다. 둘째, 교인들의 온전함Integrity과 책임감Accountability을 철저하게 실현하는 교회를 만드는 것이었다. 고든은 전쟁 기간을 통해 한 가지 깨달음을 얻었다. 그것은 병사들이 어느 교단에서 신앙생활을 했느냐 하는 것이 그들의 삶과 죽음의 방식에 전혀 영향을 끼치지 않는다는 점이었다.

그러나 고든은 어떻게 그의 비전을 실현할지 알지 못했다. 그는 그러한 큰 꿈을 이루기 위해서는 큰 교회가 되어야 할 것이라고 생각했다. 그때 그는 당대 재벌인 존 록펠러가 쓴 사설을 읽었다. 그 사설의 내용은 에큐메니컬 운동과 뉴욕 시에 있는 리버사이드 교회를 통해 록펠러가 그 운동에 참여하는 것에 관한 것이었다. 그는 록펠러의 동역자들과 자신의 비전을 나누기 위해 뉴욕에 찾아갔다. 그들과의 만남이 그의 새로운 사역에 뒷받침이 될 것이라고 생각해서였다. 혹은 그들이 사역에 재정적인 도움을 줄 수 있을 것이라고 생각했다. 그러나 그들은 그와는 전혀 다른 비전을 갖고 있다는 사실을 만남을 통해 깨닫게 된다.

그 경험으로 말미암아 고든은 큰 것을 통해 엄청난 일을 해야 한다는 생각을 버릴 수 있었다. 이것이 그가 군목생활로부터 돌아온 첫해의 일이었다. 결국 고든은 전쟁을 통해 얻은 좌절과 경험을 구체적으로 사역에 적용하기로 결심한다. 그리고 진정으로 세상을 변화시키는 것은 고도의 영적훈련을 받은 자신을 헌신할 수 있는 사람들로 구성된 공동체에 의해서 가능하다는 생각이 이때부터 뿌리내리기 시작한다.

대안 교회로서 세이비어 교회의 설립과 사역

그 후 메리의 아버지가 워싱턴 근교의 버지니아 알렉산드리아에 있는 제일침례교회에 부임해 오게 되었고, 그로 인해 그들은 워싱턴 지역을 기반으로 사역을 시작할 수 있

↓ 세이비어 교회가 최초로 시작된 건물

워싱턴 DC에 자리한 세이비어 교회는 21세기 가장 혁신적인 교회의 모델로서 현대의 많은 교회에게 시사점을 주고 있다.

었다. 그들이 생각했던 다음 단계는 그들의 비전을 위해 워싱턴 지역에 건물을 구하는 것이었다. 당시 고든은 할아버지가 물려준 37달러를 갖고 있었는데 그것이 첫 번째 건물을 위한 재정의 전부였다. 그는 워싱턴 DC의 19번가에 위치한 한 작은 건물을 구입했고, 1946년 그의 아내 메리 캠벨 코스비와 다른 일곱 명과 함께 그 새로운 꿈을 향한 첫발을 내딛었다. 그곳에서 1947년 10월 그리스도인의 삶을 위한 학교The School of Christian Living라는 이름 아래 세이

역자의 코스비 목사님 회고의 글

비어 교회의 최초 입교훈련 프로그램을 실시했고, 첫 번째 교인 헌신서약자를 세우게 되었다. 이것이 세이비어 교회의 시발점이었다.

19번가에 위치한 그 건물은 오래되고 초라했지만, 보수 작업을 마치자 아름다운 작은 예배당이 되어 있었다. 메리는 예술적인 재능을 살려 그 건물을 아름답게 장식했다. 고든부부는 그 후 어떤 사역을 하든, 설사 빈민 지역의 사역이라 해도 모든 공간을 미학적으로 아름답게 꾸미려고 노력했다. 아름다움은 인간의 영혼을 살찌운다고 믿었기 때문이다.

세이비어 교회가 세인들에게 알려지기 시작한 것은 1953년 〈리더스 다이제스트Reader's Digest〉에 소개되고, 세이비어 교회의 교인이었던 엘리자베스 오코너Elizabeth O'Connor가 쓴 세

↓ **엘리자베스 오코너**
세이비어 교회에 관련된 대부분의 책을 저술했다. 그녀의 저서 《헌신에로의 부름》과 《내적인 여정, 외적인 여정》은 세이비어 교회 교인이 되기 위해서는 반드시 읽어야 하는 필독서이다.

이비어 교회의 목회철학을 담은 필독서인《헌신에로의 부름Call to Commitment》과《내적인 여정, 외적인 여정Journey Inward, Journey Outward》이 소개되면서 21세기의 교회가 갖추어야 할 가장 혁신적이고 실험적인 모델로 주목받기 시작하면서부터이다.

소문을 듣고 교회에 참여한 사람들 중에서 교회의 목회철학을 심각하게 받아들인 사람들은 '그리스도인의 삶을 위한 학교School of Christian Living'에 참여해 훈련받기 시작했고, 한 사람 한 사람씩 결단하기 시작했다. 교회가 모든 사람을 다 수용하기는 어려워 1976년 두 개의 다른 신앙공동체Faith Community로 교회를 나눌 때까지 120명 정도의 교인들이 있었다.

교회가 시작되며 시행했던 중요한 한 가지는 '모임의 조직과 훈련'이었다. 그 모임과 훈련이 바로 1988년에 세워진 '섬김의 리더십 학교The Servant Leadership School'로 발전했고, 지교회 형태의 10개의 신앙공동체Faith Community가 세워졌다. 각 신앙공동체는 독립된 비영리단체로 등록되었고, 각 공동체마다 소그룹 사역공동체Mission Group들이 시작되었다.

↓ **섬김의 리더십 학교가 있는 페스티벌 센터**
행함doing 이전에 존재함being이 얼마나 중요한지를 다양한 훈련을 통해 깨닫게 하는
섬김의 리더십 학교이다.

　사역공동체를 만들기 전 사역 초기에 그들은 소그룹 혹은 성장그룹이라는 이름으로 소그룹들을 조직했다. 소그룹은 '웨슬리 운동'에서 영향을 받은 것이었다. 만약 그들이 소그룹 안에서 사람들을 온전하게 양육할 수 있다면 그들은 그것을 바로 사역으로 연결할 수 있다고 생각했다. 그렇지만 그런 일들은 일어나지 않았다.

　사역 초기 세이비어 교회의 비전에 동의하고 참여한 대부분의 사람은 자신들이 영적인 훈련Inward Journey에 참여한다 할지라도 외적인 실천Outward Work에 참여함으로써

위대한 사랑의 힘에 사로잡힌 삶

부담을 갖는 것을 원치 않았으며, 가난한 사람들을 위해 그들의 손이 더럽혀지는 것을 원치 않는 것을 경험하게 되었다. 혹은 그 반대의 경우로 가난한 사람들을 위해 일하기를 원하지만 영적인 훈련을 할 시간이 없는 사람들도 있었다. 그들은 그들이 할 수 있는 대로 단지 세상을 고쳐 보려고 노력했을 뿐이다. 그러나 고든에게 있어서 영적인 훈련과 외적인 실천, 이 두 가지의 통전적인 적용은 양보할 수 없는 가장 중요한 목회철학이었다.

누구나 기도모임, 성경공부모임, 심리치료모임 등 그들이 원하는 모임을 가질 수 있지만, 그 모임을 구성하고 있는 기본적인 교인의 자격은 영적인 훈련과 외적인 실천을 함께 갖추어야 한다는 것이다. 또한 이러한 그룹들은 단지 각각의 개인적인 사역을 강화하는 것이 아니라 협력사역을 이루는 것이다.

좀 더 구체적으로 세이비어 교회는 정식교인이 되기 위해서는 하루에 한 시간씩 성경을 읽고 기도할 것, 약 3년이 소요되는 그리스도인의 삶의 학교와 서번트 리더십 학교의 훈련과정에 참여하고 지속적인 연장교육에 참여할 것, 온전한 십일조헌금을 드릴 것, 소그룹 사역공동체 모임에 한 주에 한 번씩 참여할 것, 교회와 연관된 45가지의 지역사회 사역에 은사별로 자원봉사자로 참여할 것, 자신의 삶의 전 지경을 포함하는 영적자서전을 써서 공동체에 발표할 것, 매년 각 신앙공동체 주관 관상기도 영성수련회에 참석할 것, 교인의 자격을 매년 갱신할 것 등의 조건을 통해 자신의 삶을 개방해 동료교인들과 함께 좀 더 깊은 공동생활을 추구하는 데 동의해야 했다. 이 같은 교인의 자격은 세이비어 교회가 초기부터 지향해 온 가장 중요한 입교과정의 원칙이다.

1950년대 초부터 세이비어 교회는 소명에 관해 분별하는 사역에 집중했는데, 그 핵심은 "이것은 하나님의 부르심입니다. 나는 이것을 감당할 것입니다"였다. 우리 모두는 전적으로 영적인 삶을 살도록 부름받았다. 그것은 기도와 예배, 사랑할 수 있는 마음을 넓히고 사랑하는 데 방해되는 것을 다루는 것, 또한 영성일기를 작성하고 영성수련회를 갖는 것 등 영적인 훈련에 속하는 것들이다. 이런 영적 훈련들을 거쳤을 때 우리는 비로소 이 세상에 진정으로 가치 있고, 도전을 줄 수 있는 사역을 감당할 수 있게 된다. 그러므로 우리에게 지속적인 성장을 위해서 필요한 것은

위대한 사랑의 힘에 사로잡힌 삶

훈련이다. 뿐만 아니라 그것을 이루기 위해 부르심에 대한 확신을 가져야만 한다.

고든은 "이 세상에서 가장 어려운 일은 바로 교회를 이루는 일입니다. 교회를 이룬다는 것은 우리가 생각하는 것처럼 교회의 일을 하는 것이 아니라, 서로가 서로에게 속해 진정한 교회가 되는 존재의 물음입니다. 여럿이 연합해 하나의 완전을 이루어 내는 것이 바로 예수님께서 원하시는 것이었습니다. 그렇지만 언제나 우리의 비전, 프로그램에 초점이 맞춰지다 보면 우리는 보다 본질적인 문제들로부터 멀어지게 됩니다"라고 말했다.

현대 기독교공동체 갱신의 대안 모델로서의 세이비어 교회

우리 모두는 교회에 관한 서로 다른 여러 가지 목회모델들을 갖고 있다. 하나님의 부르심은 근본적으로 여러 가지 각기 다른 모습을 갖고 있으며, 각각의 상황에 따라 다르게 받아들여진다. 그들 모두는 존중받아야 하겠지만, 여기서 중요한 것은 우리가 보다 성경적인 의미에서의 교회에 관해 생각해 보아야 한다는 점이다. 만약 우리가 교회라는 이름의 어떤 모임을 갖고 있는데, 그 교회가 이 세상의 문화에 맞서고 반대하는 것이 없다면 그 모임이 신약성경에서 말하고 있는 진정한 의미의 교회는 아닐 것이다.

우리 각자가 사역을 시작할 때, 그 사역들이 여러 가지 다른 방향으로 진행되는 것을 보게 된다. 그러나 그때 우리는 처음 사역을 시작할 때 가졌던 보다 근본적인 것들을 잃어버리기 쉽다. 새로운 비전이 주어지고 다시 그것을 추구하게 되지만, 리처드 로Richard Rohr가 말하는 '근원 이야기founding myth'에서 다시 멀어지게 되고 만다. 다시 말해, 그 비전들이 나오게 된 보다 근본적인 것들을 잃어버려서는 안 된다는 것이다. 즉, 그리스도인으로서 예수님의 성육신, 그분의 삶과 죽음, 그리고 부활이 우리의 근본적인 출발점이 되어야 한다.

그것은 우리가 신앙의 연조가 깊어질수록 이제 막 그 근본적인 것에 관해 배우고 그것을 실천하기 시작한 것처럼 행동하는 것이 필요함을 의미한다. 왜냐하면 우리는 대부분의 경우 근본적인 문제에서 벗어나 있기 때문이다. 우리는 그리스도를 진실 되게 주님으로 섬기지 못할 때가 많

위대한 사랑의 힘에 사로잡힌 삶

다. 우리는 그리스도와 함께 십자가에 못 박히지 못할 때가 많고, 우리는 단지 이 세상의 문화에 중독되어 살 때가 많다. 근본적인 원칙들은 우리가 그것을 처음 발견해 우리 가운데 주어졌을 때처럼 지금도 우리 가운데 유효한 것이 되어야만 한다.

지금도 세이비어 교회는 교회가 위치한 워싱턴 DC의 아담스 몰간 지역의 백여 명 이상의 빈민 청소년들을 위한 자원봉사자들의 일대일 멘토링과 방과후 과외 프로그램을 진행하고 있고, 매년 1,000여 명의 실업자를 훈련시키고 취업시키는 취업사역을 진행하고 있다. 또한 34개의 침실과 의료진이 잘 갖추어진 미국의 유일한 노숙자병원인 그리스도의 집, 가난한 노인들을 위한 복지사역, 매년 500명이 넘는 마약중독자와 알코올중독자들을 위한 미국의 국가적 중독사역 모델인 사마리아 여인숙사역 등을 진행하고 있다. 주거사역, 치유사역, 어린이와 가정사역, 취업과 성인교육 사역, 영성사역 등 45가지의 연관된 사역들을 진행하고 있는 것이다.

그러나 고든 코스비 목사는 세이비어 교회가 방대한 사역에도 불구하고 지속적으로 큰 교회가 아닌 작은 공동체

↓ 노숙자병원인 그리스도의 집
비인격화와 제도주의에서 벗어나 작은 공동체이지만 큰 교회가 하지 못하는 사역을 감당하고 있는 세이비어 교회, 그리스도의 집 앞에는 청동으로 만들어진 구부리고 앉아 있는 예수님의 동상이 서 있다. 그리스도의 집에는 복음 안에서 신앙인들의 봉사가 끊이지 않고 있다.

로 남아 있기를 희망했다. 그는 "많은 숫자는 거의 필연적으로 비인격화와 제도주의로 향하고 헌신을 약화시킵니다. 큰 규모는 실제로 효과를 반감시키며 이것은 실로 반문화적이어서 깊이를 갖고 문화로의 중독을 거부하고 진정으로 복음의 증인이 되는 사람들의 공동체에 불리하게 작용합니다. 세이비어 교회는 숫자를 통해 오는 힘의 유혹을 의도적으로 거부합니다"라고 말하면서 "내적인 영성, 외적인 사역, 그리고 사랑과 책임 있는 공동체에 중심을 둔, 작지만 고도로 헌신되고 훈련된 사람들의 공동체만이 사람을 변화시킬 수 있습니다"라고 강조했다.

오늘날 현대교회가 많은 부분에 있어 우리가 살고 있는 세상의 문화를 개혁하지 못하고 오히려 세상의 문화에 중독되어 있다. 그 원인은 다름 아닌 지나친 개인주의와 세속주의에서 기인한 것이다. 이것을 극복하기 위해서는 예수님께서 공생애 기간을 통해 지속적으로 말씀하시고, 십자가와 부활을 통해 몸으로 보여 주신 하나님 나라의 가치관Kingdom Value을 가져야 하며, 그러한 삶을 공유할 수 있는 사람들을 훈련해 함께 삶을 나눌 수 있는 공동체를 세우는 것이 시급하다.

코스비 목사가 2008년 은퇴한 후 세이비어 교회는 독특하게도 후임자를 정하지 않았다. 대신 세이비어 본부교회를 해체하고 그동안 함께 사역했던 10개의 신앙공동체 Faith Community를 독립시키는 과정 가운데 있다. 역자는 위기 가운데 있는 한국교회가 세이비어 교회와 같이 교회의 패러다임을 전환해 개교회주의, 성장주의 일변도의 철학에서 벗어나 중대형교회는 한국교회의 80퍼센트가 넘는 소형교회와 미자립교회의 역량 있는 목회자들과 교회를 지원하고, 큰 교회를 작은 교회로 나누어 함께 공동체를 세우는 일이 무엇보다 시급하다고 생각한다.

2010년 10월에 여의도 순복음교회에서 열린 '한국교회 사회복지 엑스포 2010'의 국제 심포지엄에서 한국교회 미래목회의 대안 모델로 세이비어 교회가 소개되었다. 고든 코스비 목사 대신 국제 심포지엄에 발제한 세이비어 교회의 백카 스텔Becca Stelle 목사와 내가 강연 준비를 위해 세이비어 교회를 방문했을 때 코스비 목사께 한국교회에 전하고 싶은 말씀을 물었다. 연로하지만 아직도 청년의 눈빛을 가진 93세의 코스비 목사의 확신에 찬 목소리를 잊을 수가 없다. "교회가 참된 교회가 되기 위해서는 먼저 교회의 리더들이 참된 존재가 되어야 하고, 교회는 교회가 위치한 지역사회를 위해 헌신해야 하며, 지역교회들이 함께 연합해서 사역해야 합니다."

고든 코스비 목사는 세이비어 교회를 통해 65년 넘게 예언자적 설교와 가르침을 통해 하나님의 백성이 세상을 향한 하나님의 비전을 보다 온전히 삶으로 구현하도록 도전해 왔고, 그 자신도 "뜻이 하늘에서 이룬 것 같이 땅에서도 이루어지는" 하나님의 통치를 적극적으로 추구하며 예수를 따르는 삶에 단순하면서도 깊이 있게 일생을 헌신했다.

고든은 동시대 교회가 안고 있는 사회적, 정치적 영역의 문제들을 회피하지 않고, 모든 압제당한 자들을 향해 특별한 관심을 보이셨던 '진짜 예수' 안에 깊이 뿌리를 내리고 살아가도록 도전했다. 그는 영적인 삶은 내적인 여정Inward Journey과 밖으로의 여정Outward Journey의 두 가지가 공동체 안에서 서로 통전적으로 구성되어야 한다는 것을 항상 강조해 왔다.

고든은 일생 동안 워싱턴 DC 빈민 지역에서 스스로 작은 신앙공동체 교회들을 개척하고, 비영리단체 사역을 조직하고, 공동선을 추구했다는 점에서 꿈꾸는 이상가인 동시에 그것을 실천하는 실천가였다. 임종 때까지 그는 감옥 제도를 폐지하고, 출소자들과 함께 공동체를 이루는 것을 사명으로 하는 세이비어 교회의 가장 최근에 시작된 사역 공동체 가운데 하나인 Becoming Church의 멤버였다.

위대한 사랑에 반응하는 삶

　나의 목회 여정에 가장 큰 영향을 받은 교회는 미국의 수도 워싱턴 DC에 위치한 세이비어 교회The Church of the Savior이다. 1947년 고든 코스비에 의해서 설립된 이 교회는 철저한 입교과정과 고도의 훈련을 통해 150여 명 정도의 교인으로 미국의 교계를 움직이는 혁신적인 교회의 모델로 평가받고 있다.

　세이비어 교회가 개척 때부터 지향해 온 목회철학은 "영적인 삶을 통해 예수님을 닮아가는 삶을 추구하고, 예수 중심의 사회적 활동을 통해 지역사회를 섬기며, 가난한 자·버림받은 자·소외된 자들을 섬기는 일에 헌신하며,

용기와 희생적인 삶을 통해 세상을 변화시키는 일에 헌신하는 것"이다.

　이러한 정신이 원동력이 되어 시작된 '희년사역'은 1960년도에 지역사회 사역인 카페와 서점이 동시에 운영되는 '토기장이의 집'이 시초였다. 계속해서 저임금 가족을 위한 주택보급사역을 실시하고, '그리스도의 집', '사마리아인의 집', '미리암의 집' 등의 치유사역을 통해 빈민 지역의 주민들과 실업자, 노숙자, 마약중독자, 알코올중독자들을 치유하고 재활할 수 있도록 돕고 있다. 지난 67년의 역사를 통해 세이비어 교회는 이제 7개 분야에 45가지의 연관된 지역사회사역을 진행하며 연간 1,500만 불 이상의 예산을 집행하는 역동적인 교회로 성장했다.

　세이비어 교회는 모든 사회적 활동에 있어서 '행함'이전에 '존재'를 중시하며, 무엇보다 '관상의 삶Contemplative Life'을 강조하고 있다. 세계적인 영성신학자 헨리 나우웬Henri Nouwen도 이곳에서 《이는 내 사랑하는 자라Life of the Beloved》를 집필하며 영향을 받았다. 나 또한 1994년부터 세이비어 교회와 연관을 갖고 '섬김의 리더십 학교Servant Leadership School'를 통해서 훈련과정을 이수하면서 영적 여정의 가장 중요한 기초를 마련했다.

이 묵상집에서 강조하는 고든 코스비 목사의 영성의 핵심은 그리스도인은 내적인 영성이 외적으로 표출되어 예수와 함께 섬기는 자가 되어야 한다는 것이다. 따라서 그리스도인은 언제나 자신의 영적 건강을 진단하고 점검할 수 있어야 한다.

우리는 우리의 삶 혹은 사역을 위해 전문성을 연마해야 하며 풍부한 지식을 갖추어야 한다. 하지만 어떠한 외적인 조건보다 우선 되는 기독교인의 온전함Christian Integrity을 갖추지 못하다면, 그것은 아무것도 갖고 있지 못한 것과 다를 바 없다. 사실 우리의 영성은 일상적인 삶에서 드러나는 공개적인 일보다 은밀한 영역에서 훨씬 잘 드러난다.

이 묵상집은 사역의 실제적인 방법론을 가르치는 것이 아니다. 또한 먼저 된 자가 나중 된 자를 이끌고자 하는 권위적인 교범도 아니다. 하나님의 사람으로 동일한 보폭과 시간으로 자신을 영적으로 더 깊이 관찰하고 하나님을 만나도록 손을 내미는 공감의 묵상집이라 할 수 있다.

우리 그리스도인 됨의 표적은 실제로 힘과 규모의 크기가 아니다. 그것은 언제나 우리의 손에 돌봄의 수건이 들려 있는가의 모습이다. 힘을 통해 능력을 행사하는 사자나 늑대가 양을 돌볼 수는 없다. 예수님께서는 언제나 친히 수건을 들고 남의 발을 씻겨주는 종이 되셨다. 이러한 종의 마음을 갖지 못한 성도는 결코 섬기는 사역자가 될 수 없을 것이다. 이렇게 섬김의 삶의 근원을 깊은 영성으로부터 확인하도록 해 주는 이 시대의 잠언이 이번에 소개하는 고든 코스비 목사의 유고 묵상집이다.

역자는 고든의 묵상을 정리하면서 하나님의 사랑이 어떻게 우리의 삶의 동기가 되는지 다시 한 번 깨닫는 기회가 되었다. 우리가 눈앞에 보이는 현실에 얽매여 위대한 그 사랑에 사로잡히는 힘이 결여되어 있다면, 우리는 우리의 목자이신 예수 그리스도를 증거 할 수 없다는 점을 고든 코스비 목사는 말해 준다.

믿음의 사람들은 그 근원적인 사랑을 잃어버리지 말아야 한다. 만약 그런 마음을 잃어버렸다면, 어떤 대가를 치르더라도 그것을 회복하게 해 달라고 하나님께 간구해야한다. 아무런 대가도 치르지 않는 믿음은 아무것도 이루지 못한다. 만약 그리스도인의 삶이 도전과 고통, 희생을 수반하지 않는 것이라면, 그의 삶에는 하나님의 인도하심을 경험할 수 없을 것이다. 하나님이 내 안에 진정한 주인 되심을 아는 사람만이 권위적인 자가 아닌 하나님의 권위에 철저하게 순종하고 하나님의 나라를 온전히 증거 하게 된다.

고든 코스비 목사는 예수님께서도 그의 전 생애를 통해서 하나님을 전적으로 의지하며, 당신의 사역을 이루셨음을 강조하고 있다. 하나님의 독생자이신 예수님이 구원 사역을 위해 위대한 사랑의 힘에 사로잡히는 것이 필요했다면, 육신을 입고 날마다 죄의 유혹 가운데 살며 하나님을 따르고자 하는 우리에게 하나님의 사랑의 능력이 얼마나 더 필요하겠는가를 역설적으로 알려 주는 것이다.

고든 코스비 목사의 영성을 따라 이 묵상집을 진지하게 묵상하고 받아들인다면, 독자 여러분은 단편적이지만 그에게 영감을 주었던 하나님의 그 크신 사랑에 사로잡히는 감동을 경험하게 될 것이다.

하나님의 시간과 하나님의 법 안에 사는 그리스도인은 끊임없이 자신을 성찰하고 바로 나의 이웃인 하나님의 백성을 섬기는 도를 끊임없이 탐구해야 한다. 그 모든 것 중 가장 중요한 것은 바로 영성이며, 말씀과 기도에 착념하는 것이다.

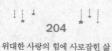

역자는 이 묵상집이 하나님이 그 사랑하시는 자녀들에게 영적 씨앗과 양식을 제공해 주시기 위해 고든 코스비 목사에게 그의 생애를 통해 영감을 주고, 그의 고백을 나누게 하셨음을 믿는다.

우리에게 하나님이 주시는 가장 큰 보상은 바로 주님 안에서 그리스도의 영광을 나타내는 전적인 영생의 삶이 될 것이다. 예수님의 인격을 닮은 내적 성숙은 우리가 누릴 수 있는 가장 위대한 특권이자 하나님의 상급이라는 것을 이 책을 묵상하며 확신할 수 있을 것이다.

우리에게 하나님과 이웃 사이에 세속적으로 단절된 관계성을 주님의 위대한 사랑으로 회복하도록 귀한 묵상을 나누게 해 주신 고든 코스비 목사님을 깊은 경의로 추모하며, 그의 삶과 사역이 이 책을 읽는 모든 이에게 자기화 Contextualization되는 기회가 되기를 기원해 본다.

화성 봉담골에서
유성준 목사

고백

나는 그리스도께 내 삶의 모든 영역에서

실제적인 우선권을 드릴 것을 약속하면서,

나의 삶과 운명을 그리스도에게 헌신합니다.

위대한 사랑의 힘에 사로잡힌 삶

고든 코스비 지음 · **유성준** 옮김

발 행 일   초판 1쇄 2015년 1월 30일
발 행 처   평단문화사
발 행 인   최석두

등록번호   제1-765호 / 등록일 1988년 7월 6일
주   소   서울시 마포구 서교동 480-9 에이스빌딩 3층
전화번호   (02)325-8144(代)   FAX (02)325-8143
이 메 일   pyongdan@hanmail.net
I S B N   978-89-7343-411-4 (03230)

이 도서의 국립중앙도서관 출판시도서목록(CIP)은 서지정보유통지원시스템
홈페이지(http://seoji.nl.go.kr)와 국가자료공동목록시스템(http://www.nl.go.kr/kolisnet)에서
이용하실 수 있습니다.
(CIP제어번호: CIP2014038536)

저희는 매출액의 2%를 불우이웃돕기에 사용하고 있습니다.